북한만화의 이해

차례
Contents

03 북한 그리고 만화 06 만화가 살고 있었네 20 북한만화의 내용상 특징 38 북한만화의 형식상 특징 50 특징적인 레이블 63 북한만화가 남한에 소개된 사례 79 프로파간다와 북한만화 89 '북한만화'가 아닌 '만화'가 되기 위해

북한 그리고 만화

 2천 년대에 들어서면서 남북한의 관계가 급진전되고 있다. 정치권의 지속적인 접촉과 함께 금강산 관광개발, 한국기업의 개성공단 입주 등 민간차원의 만남도 지속적으로 이루어지고 있는 상태다. 특히 2000년 '6·15남북공동선언' 이후 활발해진 남북한 교류 덕분에 북한에 대한 여러 분야의 관심과 연구에도 가속도가 붙었다. 민족의 화합과 단결이라는 대전제 아래 바야흐로 서로에 대한 이해가 절실해졌으며, 그에 따라 문화예술 분야에 대한 교류와 연구는 눈에 띄게 다양해진 것이다. 북측에서는 곡예단과 예술단이 남한을 방문하여 공연을 벌이는가 하면, 남측에서도 무용단과 대중가수들이 북한을 방문하여 우리 대중문화의 현재를 보여주기도 했다. 이에 힘입어 북한의 사회 및 문화에 대한 연구도 활발히 진행 중이다. 관련 단행본들이 속속 출판되고, 북한문화를 보다 다각적으로 분석한 연구서들도 발간되고 있다.

문화예술과 관련하여 활발하게 연구 중인 가장 대표적인 부문은 문학 분야를 들 수 있다. 실제로 많은 북한문학 연구서들이 쏟아져 나오고 있으며, 남북교류에 있어서도 가장 탄력을 받고 있는 분야다. 이 외에도 영화, 방송 등 문화예술 전반에 걸쳐 연구와 교류가 진행됨으로써 서로에 대한 이해의 폭을 넓혀나가고 있다. 하지만 이런 와중에서도 만화 분야에 대한 연구는 거의 전무하다시피 하다. 왜 그럴까?

동서양을 막론하고 만화의 장르적 대중화에는 근대화라는 기틀, 특히 인쇄술이 큰 역할을 담당했다. 신문과 잡지 등을 대량생산할 수 있게 됨으로써 인쇄매체가 가져온 만화의 즐거움을 많은 이들이 누릴 수 있게 되었다. 오늘날 만화는 일반적으로 신문과 잡지 등 매체에 따라 구현되는 형태가 다양하며, 그에 따라 세부장르를 달리한다. 한 컷 만화와 4단만화는 신문에서 자주 나타나며, 한 쪽 분량의 장편(掌篇)만화는 주로 일반잡지에서 볼 수 있다. 또 일본이나 한국사회에서 두드러진 전문만화잡지의 작품들은 짧게는 한 회 16쪽에서부터 길게는 40여 쪽에 이르기까지 매주 혹은 격주, 월간 등의 간격을 두고 연재된다.

한편 만화는 작품이 품고 있는 내용에 따라 순정물이나 학원물 혹은 SF, 판타지 등으로 구분되기도 한다. 그렇다면 이 같은 분류법이 북한만화에서도 동일하게 적용될 수 있을까? 가령 유럽이나 미국에서 발행되는 만화는 그 형태와 내용적인 측면 모두에서 일본과 한국을 중심으로 한 아시아권의 만화와는 크게 다르다. 이들의 문화권에서는 다량의 작품들이 수록되는 전문만화잡지의 꼴은 보기 드물고, 단색인쇄가 아닌 컬러인쇄가 보편적이다. 내용적인 측면에 있어서도 일본과 한국의 작품들이 나름의 문화와 관습을 담아내는 것처럼 서구도 자신들의 생활습관과 사고방식을 포함한다. 또한 같은 서구권이라 할지라도 유럽과 미국은 판이한 형태를 보이고 있다. 따라서 사회 전체가 폐쇄되고 다른 국가와 격리된 형태를 보이는 북한에서 발행되는 만화 역시 작품의 창작방식, 출판방식, 유통방식, 소비방식 등이 고유한 룰을 지니고 있을 것이라 짐작된다. 게다가 북한에서 창작되는 다른 예술 장르에 비추어 볼 때 주제나 소재 측면에 있어서도 그들만의 영역이 있을 것이라 판단된다.

만화가 살고 있었네

영화, 방송, 미술, 문학 등 여러 문화예술 분야에서 남북한의 교류가 활발하고 체계적인 연구도 지속되고 있지만, 아쉽게도 만화에 대한 본격적인 언급은 거의 찾아볼 수가 없는 상황이다. 그에 대한 이유는 크게 두 가지로 지적할 수 있다.

첫째, 만화라는 장르가 가진 한계성 때문이다. 근대문명의 가장 큰 혜택 가운데 하나인 인쇄술의 발달에 힘입어 시작된 만화는 '풍자'라는 속성을 전면에 내세웠으나 시간이 흐르면서 '오락성'이 무엇보다 중요한 요소가 되었고, 곧바로 자본주의의 기본속성인 이윤추구와 맞물려 말초적인 내용이 자주 다루어지게 되었다. 반면 개인의 기호나 오락성보다는 집단의 조화, 조직에 대한 충성을 무엇보다 우선시하는 북한의 통제된 사회에서 만화가 지니는 역할은 극단적으로 축소될 수밖에 없다.

둘째, 극단적으로 축소된 역할 속에서 북한이 만화작품의 내용들로부터 추구하는 선전·선동의 효과는 남한사회에서 수용하기 힘든 영역과 맞물려 있다. 북한에서 발행되는 단행본이나 잡지 속의 만화는 대부분 남한사회가 지니는 구조적 모순점이나 정치적인 문제, 그리고 북한사회의 우수성을 알리고 국민을 교화시키기 위한 목적으로 생산된다. 그나마 만화가 지녀야 할 풍자적인 요소마저 자신들의 문제보다는 이념, 외교적인 측면 등과 맞물려 있기 때문에 남한에서 이해될 수 있는 범위를 벗어난다.

북한에 '살고 있는 만화'를 들여다보기 위해서는 북한에서 이해되는 만화의 개념을 먼저 이해할 필요가 있다.

다음의 A와 B의 대화에 주목해 보자.

A : "어떤 만화를 가장 좋아하세요?"
B : "전「미래소년 코난」이 제일 재미있었어요. 근래에는 「이웃의 토토로」도 감동을 주더군요."

A가 질문한 의도가 만화'영화'가 아닌 '출판'만화에 있다는 사실을 알고 본다면, 위 대화는 소통이 원활하게 이루어지지 못한 예다. 헌데 이런 예는 우리 주위에서 자주 일어나며, 심지어 신문과 방송에서조차도 개념의 구분 없이 사용하기도 한

다. 물론 단순히 만화에서 웃음을 찾고자 하는 대다수 독자들에게 만화와 만화영화의 의미차이는 중요한 것이 아니지만 두 단어의 개념이 다르다는 점은 명백한 사실이다.

이렇듯 국내에서조차도 만화에 대한 개념이 혼란스러울 지경이니 북한에서 생각하고 있는 만화와 우리가 생각하는 만화의 모습에 차이점이 없을 수 있겠는가. 사실, 만화영화 부분에 있어서는 남북한이 다양한 방식을 통해 교류해 오고 있다. 북한의 작품이 남한방송을 통해 상영되기도 했으며, 합작의 형식을 통해 공동으로 작품을 생산하기도 했다. 그러나 이것은 출판의 영역이 아니라 영상의 영역이다. 즉, '만화'가 아니라 '만화영화'에 해당하는 것이다.

북한사회에서 통용되는 만화의 개념

만화를 만화책이나 연재만화와 같은 특정한 형태로서가 아니라 그 자체를 하나의 매체로 정의하고 받아들여야 한다고 이야기한 바 있는 스콧 매클루드는 "정보를 전달하거나 보는 이에게 미적인 반응을 일으킬 목적으로 그림과 그 밖의 형상들을 의도한 순서로 나란히 늘어놓은 것"이라고 만화를 정의한 바 있다. 이 같은 기본적인 개념은 우리 국어사전에서 보다 자세히 설명된다.

　　만화(漫畵) : 1. 풍자나 우스갯거리 등을 주로 선화(線畵)

로서 경쾌하고 익살스레 그린 그림. (사
　　　회비평, 시사 만화 따위)
　　2. 어떤 줄거리가 있는 이야기를 연속된 그
　　　림과 대화로 엮은 것. 만필화(漫筆畵)

백과사전에는 다음과 같이 좀 더 폭넓은 해석이 담겨 있다.

　대상의 성격을 과장하거나 생략하여 익살스럽고 간명하게 인생이나 사회를 풍자·비판하는 그림 형식. 자유로운 과장법과 생략법을 써서 단순·경묘(輕妙) 그리고 암시적인 특징을 노리는 것이 순수회화와 구별되는 점이다.
　회화 또는 풍자화를 캐리커처(caricature)라고 하는데, 이는 이탈리아어의 caricare(과장하다)라는 동사에서 나온 말로서, 현재는 영국·프랑스 등 극히 일부 유럽지역에서 시사만화를 가리켜 쓰는 말이며, 일반적으로는 과장된 인물화를 캐리커처라 한다.
　그리고 시사만화나 한 장면만화는 카툰(cartoon)이라고 하며, 4컷 이상이 연결되어 스토리가 이루어지는 만화는 코믹스(comics) 또는 코믹 스트립스(comic strips)라고 하는데 이것은 주로 미국에서 쓰는 말이며, 유럽에서는 보통 카툰이라고 한다.
　한국과 일본·중국 등지에서는 만화라고 하며, 소설처럼 긴 스토리를 엮어나가는 만화는 극화(劇畵)라고도 한다.

그렇다면 북한에서 통용되는 원론적인 만화의 개념은 무엇일까. 북한만화에 대한 전체적인 틀을 잡아나가기 위해서는 일단 북한사회에서 통용되고 있는 '만화에 대한 생각'을 살펴볼 필요가 있다. 만화라는 장르에 대한 이들의 전반적인 생각을 우선적으로 알고 시작한다면 개별적인 작품의 형태와 창작의 모습에 관해 이해하기가 좀 더 용이할 것이기 때문이다.

'만화'의 개념에 대한 정의는 북한의 전반적인 문화예술 분야에 관해 선행된 연구에서 찾아볼 수 있다. 2001년 발행된 『북한미술 50년』에서는 북한사회에서 생산되고 있는 만화에 대해 다음과 같이 설명하고 있다(이와 유사한 설명은 『북한 언론의 이론과 실천』(나남, 1991)에서도 나타난 바 있다).

> 만화 : 과장, 풍자, 상징 등 다양한 예술적 수법을 통하여 사회와 인간 생활의 이러저러한 현상과 그 본질을 간단명료하게 보여주는 출판화의 한 종류. 만화의 형상적 특징은 사물현상의 본질을 웃음진 조형적 형상으로 보여주는 데 있다. 일반 회화에서와는 달리 과장과 생략, 대조와 비유의 수법을 기본형상수단으로 한다. 만화는 주로 아동미술, 아동만화영화에서 널리 쓰이며 그밖에 정치 포스터, 신문, 잡지 등에서도 쓰인다. 만화는 주로 민족적 및 계급적 인간들의 사회적 본질을 폭로, 풍자하며 그를 반대하는 정신으로 인민들을 교양하는 데 그 기본목적을 둔다. 만화에는 단매만화와 연속만화가 있다.

만화에 대한 위의 설명을 살펴보면 크게 형식적인 측면과 내용적인 측면으로 나누어져 있음을 알 수 있다. 그리고 보다 자세히 들여다보면 형식적인 측면에서 만화가 지니는 속성에 대한 이해는 서구의 그것 혹은 남한사회와 크게 차이가 없음을 발견하게 된다. 이를테면 '일반 회화에서와는 달리 과장과 생략, 대조와 비유의 수법을 기본 형상수단'으로 한다는 사실을 통해 만화의 주요한 기호적 특성들을 인지하고 있는 것이 그것이다.

반면 용어에 대한 차이가 눈에 띈다. 길이에 따라 세부장르를 '단매만화'와 '연속만화'로 나누고 있는데, 이는 컷의 분할에 따른 구분법이다. 남한만화의 일반적인 장르구분법에 비추어 본다면 단매만화는 한 컷 만화, 즉 만평이 될 것이다. 같은 방식으로 연속만화는 여러 컷들이 나열된 작품을 뜻할 것이다. 그러나 만평 혹은 여러 컷 만화라는 단순한 이분법적인 구분방법으로는 현재 남한사회에서 발행되는 다양한 만화의 형태들, 즉 4단만화, 24쪽 내외의 짤막한 단편, 단행본 1권 이상 길이의 장편만화 등을 제대로 구현하지 못한다. '연속만화'는 단편, 장편 등을 포함한 두 컷 이상의 모든 작품들을 포함한다. 이것은 북한에서 만화가 형식적으로 매우 단순하게 분류되고 있고, 그 형식적인 단순함만큼 창작형태에 있어서도 제한적임을 간접적으로 보여주는 것이다.

남한에서 생산되는 만화와 북한만화의 가장 큰 차이점으로는 무엇보다 주제적인 측면을 들 수 있다. '만화는 주로 민족적 및 계급적 인간들의 사회적 본질을 폭로풍자하며, 그를 반대하는 정신으로 인민들을 교양하는 데 그 기본목적을 둔다.'는 것이 북한만화의 존재이유로 설명된다. 여기서 주목해야 할 점은 '폭로풍자'와 '교양'이라는 단어다. 남한에서 생산되는 만화작품들이 추구하는 목표점이 오락성과 예술성이라는 양 축에 존재하는 반면 북한에서 생산되는 만화의 목표는 선전성과 교육적인 측면에 있다는 사실을 보여주기 때문이다. 물론 남한에도 선전과 교육적인 용도를 강조하는 만화가 있다. 가령 공공사업에 관한 정책적인 홍보물, 국회의원이나 대통령 선거에 사용되는 팜플렛, 기업에서 주최하는 이벤트행사나 신제품홍보를 위한 광고 등에서 만화는 중요한 소통의 도구로 사용된다. 또한 초등학생들을 주요대상으로 하는 역사만화, 동화를 각색한 만화, 혹은 어른들을 대상으로 만들어지는 경제전문서 등도 남한사회에서 자주 볼 수 있는 만화형태다. 그렇지만 이러한 경우들은 특정한 사건이나 정책 혹은 이슈가 생성되었을 때 나타나는 작품의 형태들이어서 만화라는 장르 내부에서 차지하는 영역은 지극히 부분적일 뿐 보편적인 방식은 아니다.

 남한사회의 주류만화라고 할 수 있는, 만화전문출판사에서 생산되는 작품들은 대부분 오락성을 무엇보다 중시하며 작가들의 개성과 가치관 역시 중요하게 여긴다(물론 상업적인 이유로 작가 개개인의 특성을 반영시키지 못한 경우도 있다). 반면 북한만화는 독자들에게 어떠한 사실을 '풍자'하고, 그러한 표현방식을 통해 '교육'을 시킨다는 목적성을 그 개념에서부터 밝히고 있다.

북한만화가 지니는 단순하고 명확한 주제의식은 형식적인 측면에도 지대한 영향을 끼칠 것으로 보인다. 선전과 교육을 목적으로 할 경우 그것을 받아들이는 이가 가장 이해하기가 쉽고 즉각적인 반응을 이루어낸다면 그 목적을 이루었다고 할 수 있을 것이다. 이럴 때 각각의 예술 장르들이 지니고 있는 보다 깊은 표현방식이나 실험들은 요구되지 않는다. 단순히 독자 혹은 청자들의 머릿속으로 가장 빨리 주입되기만 하면 그만이기 때문에 오히려 작가의 의식이나 예술혼 따위는 자제되어야 할 것이다.

따라서 북한만화에서 사용되는 만화적인 언어는 대단히 제한적일 수밖에 없다. 즉, '사람들을 교양하는 데 기본 목적을 둔다'는 범위를 벗어나는 표현방식을 만들어내기가 힘들기 때문이다. 이러한 북한만화의 정의를 통해 우리는 북한만화가 지니는 예술적인 측면과 표현방식들에 한계가 설정되어 있으며, 이 때문에 그 목적성을 벗어나는 실험적인 방식이나 주제의식 혹은 작가 개인의 의도들은 그 통로가 막혀 있다는 사실을 짐작할 수 있다.

또 한 가지 재미있는 사실은 남한사회에서 자주 혼용되는 개념이 북한만화에 대한 설명에서도 나타나고 있다는 점이다. 앞서 지적한 바처럼 '만화'와 '만화영화'의 혼용이 그것이다. 이는 '만화는 주로 아동미술, 아동만화영화에서 널리 쓰이며 그밖에 정치 포스터, 신문, 잡지 등에서도 쓰인다'는 부분에서 드러난다. 이러한 내용은 만화가 컷을 기본단위로 하여 인쇄매체를 통해 보여주는 것이라는 고유의 특성은 간과하고, '풍자적인 기법을 사용하는 조형적 언어'라는 개념에 초점을 맞추어 이해했기 때문일 것이다. 요컨대 만화와 만화영화라는 두 장르가 드러나는 출판과 영상이라는 미디어적인 특성은 확연히 구분되지만, 두 장르가 표현기교로 삼는 풍자라는 기법은 동일하다는 측면에서 개념을 정의한 것이다. 아울러 '정치 포스터'에서도 사용된다고 설명하고 있는 바, 만화에서 선동적인 성격을 중요시함을 명문화하고 있다. 북한만화의 선동적 성격에 관한 이야기는 글의 끝부분에서 다시 논의할 것이다.

북한의 출판방식에 대한 이해

앞에서 잠깐 만화와 만화영화의 차이점에 대해 이야기한 바 있다. 만화는 인쇄매체를 통해 종이에 실려 독자들에게 읽히는 장르인 반면, 만화영화는 영상매체를 통해 시청자들에게 보여주는 장르라는 점이 두드러진 차이다. 그래서 만화영화를 이해하기 위해서는 기본적으로 영화에서 사용되는 언어와 영상연출방식, 조명효과 혹은 시나리오 등을 알아야 한다. 마찬가지로 만화라는 장르를 이해하기 위해서는 출판의 영역, 이를테면 작품의 바탕을 구성하는 콘티, 한 쪽을 구성하는 가장 작은 단위인 컷, 컷과 컷을 연결하는 연출방식, 그리고 그림과 글의 조화 등에 관한 이해가 요구된다. 또한 개별작품이 창작되는 방식, 작품이 인쇄되어 책으로 옮겨지는 출판시스템, 나아가 국내의 경우 일반도서가 아닌 만화 분야에만 적용되는 유통방식 등에 관한 이해 또한 필요하다. 개별만화작품을 알맹이로 친다면, 그 알맹이를 담아내는 도구가 어떤 특성을 지니고 있는지에 대한 이해가 먼저 요구되는 것이다. 이에 여기서는 북한만화의 이해를 돕는 중요한 부분인 북한의 출판상황에 대해 짚고 넘어가자.

우선 남한의 출판사들과의 차이점에 대해 이광재는 『북한의 출판』에서 다음과 같이 설명한다.

> 북한의 출판사는 남한의 출판사와 몇 가지 다른 특징을 갖고 있다.
> 첫째, 북한의 출판사는 개인이 경영하는 것이 아니라 당과 정무원 그리고 그 외곽단체들이 관장하고 있다. 따라서 독창적인 활동을 할 수가 없다.
> 둘째, 북한의 출판사는 도서 등의 출판물을 이윤을 추구하는 상품으로 간주하지 않고 혁명적·사상적·전투적인 무기로 간주하기 때문에 당이 각 출판사에게 부여한 임무 이외에는 다른 출판행위를 하지 않는다.
> 셋째, 북한의 출판사는 도서뿐 아니라 신문, 잡지 등도 발행하는 여러 가지 기능을 수행하고 있다.
> 넷째, 북한의 출판사는 출판물이 갖고 있는 특성 때문에

선전기관으로서의 기능을 수행하고 있다.

위의 글을 통해 북한의 출판은 '당에 의해 계획된 생산'체계에 의해 제작된다는 것을 알 수 있다. 이때 '계획된 생산'에는 양적인 면과 질적인 면이 모두 해당된다. 양적인 측면으로 본다면 당에 의해 부여된 목표생산량 이외에 더 많이 팔기 위해 책을 목표량 이상 많이 찍어낼 필요가 없다. 따라서 재고를 처리하기 위해 덤핑판매하는 방법도 요구되지 않는다. 굳이 빨리 유통시킬 필요가 없으며, 모든 도서가 소진될 때까지 기다리면 된다. 즉, '출판물을 이윤을 추구하는 상품으로 간주하지 않'는 것이다.

이윤이 강요되지 않는 출판사이기에 각 출판사들의 대표, 이를테면 경영자들은 대부분 당 간부나 관련인사로 이루어진다. 게다가 각각의 출판사는 나름의 출판영역을 확고하게 지니고 있다. 이를테면 의학과학출판사는 의학 및 보건에 관한 이론서적을, 건설출판사는 건축에 관련된 서적과 연구서를 출판한다. 따라서 각각의 분야에 여러 개의 출판사가 굳이 있을 필요가 없다. 국내에 소개된 북한의 도서들을 살펴보면 조선노동당출판사는 사상과 관련된 도서를, 문예출판사의 경우는 문예작품을 발행하는 등 각 출판사가 담보해내야 할 내용에 따라 분업화되어 있음을 쉽게 알 수 있다.

북한잡지의 경우 남한의 학술지 성격을 가지고 있는 경우가 대부분이다. 이를테면 『기계제작』 『중공업』 『광업』 『석탄』

등은 산업적인 측면을 강화한 연구지들이다. 따라서 남한의 잡지에서 약방의 감초처럼 등장하는 한 쪽짜리 만화나 만평 혹은 캐리커처 등은 고사하고 잡지라면 쉽게 등장하는 간단한 삽화조차 찾아보기 힘든 편집으로 되어 있다. 이것은 신문에서도 마찬가지다. 남한의 일간지에는 꼭 등장하는 4단만화는 존재하지 않는다. 북한의 주요일간지라고 할 수 있는 「노동신문」에서는 만화를 찾아볼 수 없다. 기사 중간 중간에 등장하는 삽화 정도가 이미지의 전부라고 해도 과언이 아니다.

북한의 만화창작방식에 대한 이해

북한의 문화예술에서 다양하고 생소한 용어들이 사용되는 것은 분류기준이 우리와는 다르기 때문이다. 북한 문학예술의 분류기준은 크게 형상수단, 묘사방식, 묘사대상, 구성형식 네 가지이다.

이는 전영선이 『북한의 문학과 예술』(2004)에서 이야기하는 북한 문화예술과 우리의 큰 차이점이다. 이들 문화예술 장르들은 북한사회에서 체제유지와 사상 및 사회적 이념을 전파하는 가장 중요하고도 기본적인 수단이라고 할 수 있다. 이들은 앞서 이야기한 신문과 잡지 등과 마찬가지로 주체사상이라는 지배이념과 통제적인 사회체제를 공고히 하는 역할을 수행한다. '력사화' '재담' '동물교예' 혹은 '송시' 등 남한에서는 접할 수 없는 예술 장르가 북한에서 존재하는 것은 기본적으로 예술에 대한 인식의 차이에서 비롯된다고 할 수 있을 것이다.

북한의 전반적인 문화예술에 관해 언급하는 이유는 북한만화의 이해를 위해 북한사회가 지닌 특성과 북한의 구체적인 실상에 대한 이해가 먼저 요구되기 때문이다. 알다시피 북한의 사회통치이념은 주체사상이라는 유일사상에 기초하고 있고 이는 김일성 사후 김정일에게로 고스란히 이어졌다. 이 같은 지배이념은 사회체제뿐만 아니라 사람들의 일상 곳곳에도 적용되고 있으며 문학, 영화, 미술 등 예술 장르에서도 기본적인 창작방법론으로 작용하고 있다. 이러한 점에서부터 북한만화가 지니는 효용성은 상업적인 측면에 있는 것이 아니라 작품이 지니는 강력한 메시지적인 측면에 존재한다는 사실이 시작된다.

최근 남한의 만화계는 심의, 대여점, 저작권 등 정책적인 문제점들에 대해 다양한 목소리가 나오고 있다. 창작자로서의 권리를 지키기 위해 당연히 여론과 언론의 힘도 수반되어야 할 이러한 문제점들이 정작 중요한 시점에서는 그 영향력을 발휘하지 못한 것은 다른 장르에 비해 만화의 창작작업이 지극히 개인적으로 이루어진다는 사실에서 비롯된다. 즉, 이해 당사자인 만화가들이 자신들의 목소리를 높여 의견을 교환하고 힘을 합쳐야 할 시점에 다들 자신의 작업실 안에만 갇혀 있는 것이다.

이와 정반대로 북한의 경우에는 대부분 집체창작이 이루어진다. 음악, 연극, 영화 등은 물론이고 미술작품의 경우도 개인의 창작보다는 집단을 이루어 창작하는 경우가 많다. 이에 대해 북한을 다녀왔던 만화가 오영진은 『빗장열기』(길찾기, 2004)에서 다음과 같이 설명하기도 한다.

> '북한의 미술가들'이라고 하지 않고 '북한 미술의 창작 주체'라고 한 것은, 북한 미술의 집체적 특성 때문이다. 북한에서는 남한처럼 다양한 전시회가 열리지도 않는다. 또 집체적 창작이 주류를 이루다보니 개인전은 아주 드물고 작가 개인을 부각시키는 일은 오히려 예외적인 경우에 속한다.

이처럼 집단창작, 집체적 특성을 중요시하는 풍토에서 개인 작업은 이루어지기가 힘들다. 또한 주제와 표현방식, 그리고 작품의 수량까지 계획되는 시스템 아래서는 독창적이고 개성적인 작품을 기대할 수도 없다. 집단창작을 중요시하는 북한의 환경 자체가 만화가 지니는 고유의 개성과 가능성을 원천적으로 막고 있는 셈이다.

북한만화의 내용상 특징

　북한만화의 특징을 열거하기 전에 먼저 '만화란 무엇인가?' 하는 문제로 돌아갈 필요가 있다. 앞서 인용한 것처럼 『북한미술 50년』에 '만화'라는 용어가 등장하지만 실제 북한의 만화책에서는 '만화'라는 단어를 찾을 수 없다. 만화를 대체하는 용어가 딱히 정해진 것도 아니다. 모든 만화책은 '그림책' '동화그림이야기' '그림이야기' 등 다양한 용어로 지칭된다. 이 속에는 우리가 '만화' 하면 떠올리는 것처럼 컷이 있고 말풍선이 있는 일반 코믹스물만 포함되는 것이 아니다. 그림동화 –그림이 컷으로 구분되지 않고 대체적으로 한 페이지에 하나의 그림과 분리된 텍스트가 존재하는– 역시 '그림책'으로 분류된다. 즉, 북한에서는 그림과 글이 동시에 있으면 그것이

만화이든 그림동화이든 구분하지 않고 '그림책' '그림이야기' '동화그림책' 등 다양한 용어로 부르는 것이다. 「조선일보」 1989년 8월 15일자 특집 '북한집중탐구'에서 귀순자 김만철씨의 아들 광호군은 <원숭이 형제>라는 만화를 보았다고 했는데, 이때의 <원숭이 형제>는 우리식으로 구분하자면 만화가 아니라 그림동화다.

만화와 그림동화가 뚜렷하게 구분되지 않는 이유는 북한이 만화를 정의할 때 '일반 회화와 달리 과장과 생략을 사용하는 출판화의 일종'이라 설명하는 것처럼 '그림이 있는 이야기 전반'을 지칭하기 때문이다. 북한의 만화가 초보적인 컷 연출과 단순한 형태의 말풍선을 사용하는 등 그림동화와 형식에 있어 큰 차이가 없는 것도 이들 두 장르가 혼용되는 이유 중 하나가 아닐까 한다.

다만 대체적으로 그림동화는 유치원생이나 소학교(초등학교) 아동을 대상으로 하고 만화는 청소년을 대상으로 하기 때문에 독자연령에 의한 구분이 가능하다. 그림동화의 그림은 주로 컬러고 유화, 수채화, 컴퓨터그래픽을 이용하며 그림작가의 예술적 자유와 완성도가 높다. 반면 만화의 그림은 1~2도 색상이 주를 이루고 그림도 그림동화에 비해 훨씬 단순하며 각 작품별로 그림작가를 구분하기 어려울 정도로 비슷한 형태이다.

이 글에서는 북한의 분류방식을 따라 만화와 그림동화를 함께 다루되 '만화'로 통칭하고 필요에 따라 아동만화, 청소년

만화로 구분하기로 한다.

일관된 주제의식

북한에서 만화를 비롯한 모든 문화예술은 당의 정책을 구현하여 인민을 공산주의적 혁명정신으로 계도하는 것을 목적으로 한다. 김정일은 『주체사상에 기초한 문예이론』(1975)에서 "문학예술은 당의 정책을 구현하여 근로대중을 공산주의적 혁명정신으로 교양하는 당의 힘 있는 무기다"라고 하며 그 역할을 밝히고 있다. 『주체문학론』(1992)에서는 "사상성과 예술성을 결합시키는 것은 문학창작에서 지켜야 할 기본원칙의 하나다. 사상성과 예술성을 결합시키는 것은 단순히 창작상의 실무적인 요구가 아니라 우리 문학을 명실 공히 주체가 선 혁명적인 문학으로 되게 하는 데서 나서는 원칙적인 문제다"라고 하여 문학예술의 창작목적이 공산주의적 인간양성에 있음을 분명히 한다.

이때 사상성이란 혁명정신에 투철한가, 당의 정책과 노선에 충실한가, 김일성과 김정일에 충성하는가 등으로 요약된다. 이에 따라 만화의 주제는 엄격하게 제한된다. 학습서, 특수 레이블 등을 제외한 일반 창작만화 단행본을 시대별로 뽑아 보면 이를 확인할 수 있다.

도서명	출판사	발행년	글	그림	형식	주제
이상한 머리카락	금성청년출판사	1980	홍종원	홍종원	만화	용맹/당에 대한 충성
지혜와 용감이	금성청년출판사	1981	허능택	허성필	만화	용맹/당에 대한 충성
총을 쥔 소년들	금성청년출판사	1982	김룡운	리영선	만화	용맹/당에 대한 충성
뿔악마와 세 소년	금성청년출판사	1984	김박문	리해용	만화	용맹/지혜/협동
파탄된 <구렁이 작전>	금성청년출판사	1984	홍종원	홍종원	만화	용맹/당에 대한 충성
검은룡을 찾아서	금성청년출판사	1985	지진우	허성필	만화	용맹/당에 대한 충성
열정의 노래	조선미술출판사	1985	황정상	김성호	그림동화	당에 대한 충성
잃어진 편지	금성청년출판사	1985	김상복	박윤걸	만화	용맹/당에 대한 충성
달나라 만리경	금성청년출판사	1986	김정일	배인영	그림동화	북한체제 우수성
며느리와 좀다래나무	금성청년출판사	1986		최주섭	그림동화	봉건제 비판
원숭이 형제	금성청년출판사	1986		최원친	그림동화	진화론 설명
<7호구역>에서의 3일간	금성청년출판사	1987	김병택	박윤걸	만화	용맹/당에 대한 충성
게다짝이 운다	금성청년출판사	1987		최성술	그림동화	일본 식민지배 비판

오누이와 나무군	금성청년출판사	1988	김영삼		그림동화	위급한 상황에서는 침착히 대처할 것
포성이 멎은 뒤	금성청년출판사	1988	조필수	박윤걸	만화	용맹/ 당에 대한 충성
금강산의 노래	예술교육출판사	1989		최재식	그림동화	일제 식민지배 비판/ 북한체제 우수성
금고기와 은고기	금성청년출판사	1990		최성술	그림동화	우정
도적을 처부신 소년	금성청년출판사	1991			그림동화	용맹/지혜 /협동
불사조의 노래- 아 너를 품어줄 조국이 있어	평양출판사	1992	조창진	김중일	만화	핍박받는 남한 장기수
산삼고개	금성청년출판사	1993		최주섭	그림동화	협동/우애/ 봉건제 비판
단검작전	조선미술출판사	1998	최혁	최혁	만화	용맹/ 당에 대한 충성
번호는 <316>	문학예술출판사	2004	최홍식	진영훈	만화	용맹/ 당에 대한 충성
사로잡힌 띤	문학예술출판사	2004	최홍식	김석준	만화	용맹/ 당에 대한 충성
잊을 수 없는 모습	금성청년출판사	2004	조학래	박윤걸	만화	용맹/ 당에 대한 충성

만화의 주제, 즉 만화를 통해 요구되는 덕목은 ①공산주의

사상으로 무장하고 ②적들에 대한 경계를 소홀히 하지 말며, ③뛰어난 북한의 사회주의체제 속에 사는 것을 감사하고 ④ 국가를 위해 헌신할 것 등으로 분류된다. 이중 남한과 미 제국주의에 맞서 온갖 위험을 무릅쓰고 당을 위해 투쟁할 것을 강요하는 두 번째 덕목은 어린이가 주인공이라도 예외가 아니다. 오히려 어린이가 주인공인 반간첩만화 중에는 어른도 잡지 못하는 간첩에 대항해 어린이들이 지혜와 용기를 모아 용감하게 싸운다는 내용이 많다.

위의 4가지 덕목 중 가장 중요한 것은 당에 대한 충성심, 즉 김일성과 김정일에 대한 충성심으로, 작품 안에서 이것은 극단적으로 미화되고 찬양된다. 음악가 김옥성의 죽음을 그린 <열정의 노래>는 죽을병에 걸린 김옥성이 사랑하는 여인을 외면하면서까지 당과 수령을 위한 창작에 몰두하는 모습을 그리고 있다.

이들 만화의 메시지는 은유적으로 표현되지 않고 직접적인 언어를 통해 선동적인 문장으로 명료하게 전달된다.

> 명심해라. 원쑤는 교활하단다.
> —<지혜와 용감이>, 22쪽

> 동무들! 이것은 비록 하나의 동화이지만 우리는 여기서 많은 교훈을 찾게 됩니다. 이 세상에는 침략과 약탈을 일삼는 미제를 우두머리로 하는 제국주의자들이 남아있으며 미

제놈들은 오늘 남녘땅에 둥지를 틀고(중략) 우리는 언제나 혁명적 경각심을 높여 놈들의 일거일동을 예리하게 살펴야 하며 만약 놈들이 침략의 마수를 내밀 때에는 지체 없이 단매에 요절낼 만단의 준비를 하고 있어야 합니다.
-<뿔악마와 세 소년>, 160쪽

위대한 수령님의 발자취를 따라 오곡백화가 물결쳐 설레고 양떼, 젖소들이 구름처럼 골짜기를 메운 모습들…….
-<열정의 노래>, 64쪽

삶은 누구에게나 소중한 것. 그것은 인간의 모든 것. 허나 조국의 안녕을 두고 삶과 죽음이 판가름한다면 삶이여, 우리는 서슴없이 너를 버리리라. 하여 그 순간부터 영생의 언덕에 오르리라.
-<단검 작전>, 151쪽

민족의 위대성은 곧 수령의 위대성입니다. 천출명장 김정일 장군님을 태양으로 높이 모신 김일성 조선-태양민족의 존엄은 영원히 빛날 것입니다!
-<잊을 수 없는 모습>, 135쪽

이러한 사상성은 일반 창작물에 국한되지 않고 학습만화를 비롯한 모든 만화에서 공통적으로 나타난다. 세계 각국을 탐험하며 다양한 동물들을 소개하는 학습만화 <동물세계탐험

기>에는 북한어린이들이 인도소년을 만나는 장면이 나온다. 터번을 쓴 인도소년은 엄지손가락을 치켜들고 "아! 주체의 나라 조선!" "우리 집에서는 위대한 수령 김일성원수님의 초상화를 정중히 모시고 있단다" "우리 인도어린이들은 공부는 고사하고 이렇게 일을 해도 먹고 살아가기 힘들다"(9쪽)라고 말하는 부분이 나온다. 동물탐험을 위해 세계를 여행하는 북한어린이들과 생존을 위해 노동하는 인도소년을 대비시킴으로써 북한체제의 우수성과 풍요로움을 강조하는 것이다. 또한 멀리 인도에서도 북한을 부러워하고 김일성을 우러르고 있다고 선전한다.

이후 주인공들은 아마존을 여행하다 우연히 농업이민으로 온 남한어린이 남수를 만난다. 허름한 옷차림에 피골이 상접한 남수는 고된 노동과 매질로 어머니를 잃고 자신도 방울뱀에 물려 남한과 미국을 비난하며 죽는다. 이를 본 북한어린이들은 "이력만리에 팔려와 고역을 당하다가 세상을 떠나가는 남녘땅 형제들을 하루속히 구원하는 길은 미제와 전두환 괴뢰도당을 쳐부수고 조국통일을 앞당기는 것이다!"(172쪽)며 눈물로 다짐한다. 이 작품은 자본주의 체제하에서 신음하는 남한 사람들을 구원하기 위해 통일을 이룩하고 미 제국주의를 처단해야 한다는 메시지를 다양한 장면과 대사를 통해 전달하고 있다.

청소년만화가 전쟁, 첩보전을 주 소재로 하며 직접적으로 메시지를 전달하는 데 반해 아동만화의 주제는 옛날이야기처럼 우회적이다. <산삼고개>는 농부의 아들들이 부모님의 병을 낫게 하기 위해 호랑이가 지키는 산삼고개에 들어가 지혜와 용기로 산삼을 얻은 반면 봉건지주집안의 형제들은 서로 살겠다고 싸우다 병신이 되어 돌아온다는 내용으로 무능력한 봉건지배계층을 풍자한 작품이다. <오누이와 나무군>은 우리에게도 친숙한 전래동화 <해님달님>을 각색하였다. 남한식 결말은 떡 팔러 간 어머니를 잡아먹은 호랑이가 오누이까지 잡아먹으려 하자 오누이는 하늘에서 내려온 금동아줄을 타고 올라가 해님, 달님이 되었다는 것인데, 이것을 북한에서는 오누이가 동아줄을 내려달라고 빌자 정말 동아줄이 내려왔는데 알고 보니 지나가던 나무꾼이 도와준 것이라는 내용으로 결말을 짓는다. 이때 나무꾼은 오누이에게 하늘에는 아무도 없으며 위급한 상황일수록 자신을 믿고 침착하게 판단해야 한다고 조언한다.

이처럼 아동만화가 옛날이야기를 들려주는 방식을 취하기 때문에 주제는 표면적으로 명확히 드러나지 않을 수 있다. 이를 대비해 아동만화에서는 대개 주제를 정확히 이해하기 위한 도움페이지를 따로 마련하고 있다. 금성청년출판사에서 나온 동화그림책 시리즈는 내용에 들어가기에 앞서 '편집자로부터'라는 페이지를 통해 이야기의 출처, 전달하고자 하는 주제를 요약 설명하고 있다. 이때 출처는 대부분 김일성, 김정일 및 일가 사람들이 들려준 이야기를 바탕으로 각색된 것이라고 전한다. 김일성이 일제침략자들의 가련한 운명을 풍자폭로하며 들려주었다(<게다짝이 운다>)거나 김정일이 불쌍한 남녘형제들을 잊지 말자며 들려주거나(<달나라 만리경>) 하는 식이다. 그 속에는 이야기를 들려주었을 당시의 에피소드와 함께 김일성, 김정일의 위대한 업적이 담겨 있다.

이 그림책은 친애하는 지도자 김정일 선생님께서 들려주신 동화를 그림으로 옮긴 것입니다.

1956년 10월 어느날 저녁이었습니다.

친애하는 지도자 선생님께서는 망원경을 가지고 달에 대한 관측을 하고 있는 과외소조원들에게 미제와 그 주구들의 학정 밑에서 신음하는 남녘형제들을 잊지 말아야 한다고 하시며 동화 '달나라 만리경'을 들려주시었습니다.

동화 '달나라 만리경'은 달나라에서 사는 토끼가 효험이 있는 약초를 얻으러 다니는 과정을 통하여 세상에서 가장 으뜸가는 우리나라 사회주의제도의 우월성을 보여주고 있으며 하루빨리 조국을 통일하고 온 겨레가 행복하게 살아야 한다는 깊은 뜻을 이야기하고 있습니다.

우리는 언제나 이 동화에 담겨진 깊은 뜻을 명심하고 북남이 통일될 그날을 앞당기기 위해 모두 떨쳐나 싸워나가야 할 것입니다.

-<달나라 만리경>

좀다래나무라고 하면 우리 나라 북부 지방 사람들이 아니고서는 잘 모를 것입니다.

그러나 친애하는 지도자 김정일 선생님께서는 벌써 어리신 시절에 이 나무의 이름뿐 아니라 거기에 깃든 옛이야기까지 알고 계시었습니다.

1956년 6월 10일, 혁명전적지답사행군대를 이끄시고 백두산지구를 답사하시던 친애하는 지도자선생님께서는 어느 한 산기슭에 있는 좀다래나무를 보시고 답사행군대원들에게 '며느리와 좀다래나무'라는 이야기를 들려주시었습니다.

이 그림책은 바로 그때 친애하는 지도자선생님께서 들려주신 이야기를 그림으로 옮긴 것입니다.

이 동화에서는 지난날 천대받고 억압받던 우리나라 여성들의 비참한 운명에 대하여 잘 알게 될 것이며 아버지 김일성원수님께서 마련하여주신 우리나라 사회주의제도가 얼마나 좋은 제도인가를 가슴 깊이 느끼게 될 것입니다.

－<며느리와 좀다래나무>

그림책 <게다짝이 운다>는 위대한 수령 김일성원수님께서 항일혁명투쟁시기에 몸소 창작하신 불후의 고전적 명작인 혁명적 풍자극 '게다짝이 운다'를 그림으로 옮긴 것입니다.

우리는 그림책을 통하여 위대한 수령님의 령활한 전략전술에 의하여 가는 곳마다에서 얻어맞고 만신창이 된 일제침략자들이 힘이 없으면서도 겉으로는 강한 체하며 허장성세하다가 무리로 녹아나는 가련한 몰골을 보게 됩니다.

토벌작전에서 공을 세우겠다고 큰 소리를 치던 경찰서장

놈은 항일유격대의 습격을 받자 너무 급해서 장화를 신는다
는 것이 게다짝을 집어들고 갈팡질팡합니다.

얼이 빠진 이놈은 가미다나(귀신단지) 앞에 기어가서 게
다짝을 연방 마주치며 살려달라고 빌다가 그 자리에 죽어
널부러집니다.

이처럼 <게다짝이 운다>는 멸망에 직면한 일제침략자들
의 가련한 운명을 예리하게 풍자폭로하고 있으며 위대한 수
령님의 령도를 받는 조선인민의 필승불패의 힘을 보여줍니다.

-<게다짝이 운다>

편집자의 설명만 보자면 김일성은 항일혁명의 전통을 계승
한 사람이자 북한식 사회주의체제를 이룩한 혁명가이며, 김정
일은 어렸을 때부터 남달리 영민하고 용맹하며 민족문화에 정
통하므로 북한체제를 발전시키고 민족의 지도자가 되기에 마
땅한 사람이다. 이는 논리적인 비판이 어려운 아동 때부터 김
일성, 김정일 지배에 대한 당위성을 설파하고 무조건적인 충
성심을 배양하기 위한 장치라 여겨진다. 아동·청소년만화에서
드러나는 김일성, 김정일의 신격화는 사실 유아를 대상으로
할 때 더욱 극단적으로 나타난다. 이는 뒤에 나오는 유아잡지
『꽃봉오리』에서 다시 살피기로 하자.

'전형'화된 인물설정

주제와 마찬가지로 주인공 설정에 있어서도 이상적인 인물

은 이미 정해져 있다. 특히 북한은 '주체형의 공산주의적 인간의 전형'을 통해 문학예술작품의 높은 사상 예술성과 인식교양적 가치담보가 가능하다고 하여 주인공의 표준을 언명한다.

> 주체형의 공산주의적 인간은 정치사상적 측면에서나 정신도덕적 측면에서 주체사상의 요구를 투철하게 구현한 새 형의 인간인 것으로 하여 혁명과 건설에 대한 주인다운 태도를 가지고 자력갱생, 간고분투의 혁명정신을 높이 발양하여 부닥치는 애로와 난관을 자체의 힘으로 뚫고 나가면서 위대한 수령님의 교시와 당정책을 무조건 철저히 관철해나간다. 따라서 공산주의적 인간을 형상하면서 자기 문제는 어디까지나 자신이 책임지고 자주적으로, 창조적으로 풀어나가는 주체가 철저히 선 새형의 인간의 성격적 특징을 예술적으로 뚜렷이 부각시키는 것은 그 전형창조에서 나서는 기본적인 문제로 된다.
> -『문학예술사전』(상)(과학백과사전종합출판사, 1988)

전형이란 각 인물의 개별적인 특성 속에서 발견하는 보편적이고도 사회적인 의의, 즉 본질적 특성이다. 전형은 계급성에서 기인한다. 북한에서 정의하는 올바른 전형은 ①역사발전 과정 속에서 주인공의 사회계급적 성격을 잘 반영할 수 있는 인물, ②공산주의적 인간이면서 당과 수령에 대한 충성심을 지닌 혁명가다. 북한 문화예술에서 주인공들이 몰개성적이고 천편일률적으로 묘사되는 것은 위와 같은 조건을 충족해야만 주인공이 될 수 있기 때문이다. 북한에서는 창작의 사전·사후에 '합평회'라는 집단평가를 통해 올바른 전형이 세워졌는지 주제가 잘못되지는 않았는지를 검증하는 작업이 이루어진다.

인물의 전형을 효과적으로 드러내기 위해 주인공은 대체로 몇 가지 시대 배경 속에서 활약한다. ①6·25 전쟁에서 적군과 용맹하게 싸우다 목숨을 바치는 전쟁영웅, ②일제 식민지하의 항일운동가, ③악랄한 지주계급과 맞서는 투쟁가 등이 그것이다. 주인공이 성인인 경우 남성이 많은데, 대부분 용맹한 군인으로 투철한 혁명정신과 당에 대한 충성심으로 충만하고, 일상생활에서도 행동거지가 바르고 동정심이 있다. 청소년이 주인공인 경우 역시 대개 남성이고 예의가 바르며, 전쟁놀이를 즐기고 항상 대장역할을 한다.

주인공과 대립하는 인물도 전형화되어 있다. 대표적인 예가 전쟁 중 남한의 간첩과 미국군인, 봉건지배체제에서의 지주, 자본주의체제의 자본가 등이다. 앞에 열거한 것이 계급적 특성이라면 인품에서는 어린아이의 돈을 뺏거나 괴롭히는 등 비열하고 이기적이며, 악독한 인물로 묘사된다. 이때 대립인물은 결코 자신의 과오를 반성하고 돌이켜서는 안 된다. 이들의 성격은 계급에서 기초하므로 악인이 반성한다는 것은 배척해야 할 자본주의체제와 지배계급을 인정하는 것과 마찬가지이기 때문이다. 그래서 대립인물의 내면은 깊이 다루어지지 않고 평면적인 성격을 지니며 어디까지나 주인공에 반하는 역할에 멈춘다. 그러나 같은 사회주의체제 내에서의 부정적인 인물은 반드시 교양·개조되어야 한다. 이들의 대립적 성향은 계급성에서 기인하는 것이 아니라 미처 혁명성을 깨닫지 못한 데서 비롯되기 때문이다.

인물의 성격과 본질은 겉모습에서도 확연하게 드러난다. 북한의 군인이나 인민은 훤칠한 키에 튼튼한 몸, 잘생긴 얼굴을 한 반면 대립인물은 돼지처럼 살이 찌거나 얼굴에 주름이 많으며 자세가 구부정하고, 항시 찡그린 표정을 짓고 있다. 대립인물이 여성인 경우 이들이 겉으로는 아름답고 온화한 척하지만 속내를 드러내는 순간 사악한 마녀처럼 얼굴이 흉측해지고 담배를 피우는 등(<잃어진 편지>의 백란초, <죽음에서 구원된 자라>의 자본가 부인) 남녀 차별적 인식이 존재한다는 것이 흥미롭다.

정치변화의 충실한 반영

북한의 문화예술은 존립목적에서 알 수 있듯 정치적이다. 창작자에게는 당의 정책과 노선을 빠르게 작품에 반영할 의무가 있는데 이것은 북한의 문예창작이론 중 '속도전'에 근거한다.

속도전은 본래 전후복구시기에 나온 개념으로 산업생산 분야에서 짧은 시간 동안 발전을 꾀하자는 의미인데 문화예술에도 확대·적용되고 있다. 이때에는 빠른 시간 내에 작품을 완성한다는 의미와 함께 당의 노선과 정책을 빠른 속도로 작품에 반영한다는 의미가 포함된다. 창작자는 변화하는 정책을 기민하게 반영하는 문예작품을 통해 근로대중의 사상의식을 강화하고 인민을 교양하여 당정책을 수행할 수 있도록 해야 한다는 것이다. 그러므로 만화에서도 당 정책에 따른 주제 혹은 내용면에서의 변화를 짚어볼 수 있다.

해방 이후 1960년대부터 1980년대 초반까지는 김일성이 주도한 항일혁명을 유일하게 계승·발전시켜야 할 전통으로 인정하는 유일사상, 주체사상이 완성되었고 이를 바탕으로 1980년대 중반부터 1990년대 초반까지는 이념성이 강조되었다. 이는 동구권 사회주의의 몰락과 개혁개방이라는 대외적인 변화, 그리고 김일성에서 김정일로 넘어가는 권력이양과정에서 생길 수 있는 대내적인 반발을 막기 위한 것이었다. 북한의 모든 문예활동을 총괄하는 조선문학예술총동맹의 제6차 대회 (1986) 앞으로 보낸 '조선로동당 중앙위원회 축하문'에서는 "조선문학예술총동맹은 작가, 예술인들을 우리 당의 혁명사상과 독창적인 문예방침, 불멸의 업적으로 튼튼히 무장시키며 그들을 혁명적으로 교양하여 모든 작가, 예술인들이 당의 방침을 무조건 철저히 옹호관철하며 당의 혁명이 요구하는 높은 문학예술작품들을 창작하기 위하여 자기의 모든 지혜와 정력을 다 바쳐 일하도록 하여야 한다"고 요구하고 있다.

이에 따라 1980년대 문화예술은 주제면에서 경직되는 면을 보인다. 국내자료 중에서 1980년대 이전의 만화는 찾을 수 없지만 1980년대 이후의 만화는 대부분 6·25라는 특수한 상황을 배경으로 전쟁, 첩보전을 소재로 당에 대한 충성과 변치 않는 신념, 사회주의체제의 우수성을 강조함으로써 강한 이념성을 보인다.

1980년대 중반 이후부터는 '조선민족제일주의' 이론이 적극적으로 개발된다. 요지는 여타 사회주의체제가 몰락하고 국제적으로 고립되어 있는 와중에도 북한이 사회주의체제를 유지하고 있는 것 자체가 북한식 사회주의체제의 정당성을 입증한다는 것이다. 이것은 김일성 사망 후에 김일성 우상화와 결합하여 김일성을 '태양'이라 칭하고 주체연호 및 '태양절'을 제정하는 것에 이른다. 또한 주민들에게는 '김일성민족(태양민족)'이라는 우월감을 심어주기 위해 노력하며 수령에 대한 '충효심'이 '김일성 민족'의 근본임을 강조하고 있다.

> 여러분들은 전시관 참관을 통하여 선군의 기치를 높이 들고 주체성과 민족성이 구현된 사회주의 강성대국을 건설하고 있는 경애하는 김정일 장군님의 령도의 현명성을 뜨겁게 느낄 것입니다.
>
> -<잊을 수 없는 모습>, 127쪽

> 민족의 위대성은 곧 수령의 위대성입니다. 천출명장 김정일 장군님을 태양으로 높이 모신 김일성 조선-태양민족의 존엄은 영원히 빛날 것입니다!
>
> -같은 책, 136쪽

대략 1990년대 후반부터는 만화책 발행년도에 서기 대신 '주체연호(서기)' 방식의 표기가 나타나고 있다.

북한만화의 형식상 특징

아동용은 컬러 청소년용은 흑백

　처음 북한의 만화를 접하는 사람은 예상과 달리 풍부한 색감과 완성도 높은 그림에 놀랄 것이다. <달나라 만리경> <오누이와 나무군> <산삼고개> 등 많은 만화들이 수채화, 유화, 컴퓨터 그래픽 등으로 표현되었고 안정된 인체비례와 세련된 인물묘사를 자랑한다. 등장인물들은 전체적으로 둥글둥글하게 그려져 있고 주로 사용하는 색상도 선전화처럼 원색의 강렬한 대비를 강조하기보다는 부드러운 색상을 택하는 경우가 많다.

　특히 <금고기 은고기>는 주인공인 금고기와 은고기의 몸

통비늘을 금박, 은박으로 덧씌워 화려함을 더했다. 이것은 1990년대 후반부터 남한의 어린이 그림동화책에서 유행한 입체그림과 유사한 효과를 지닌다. 입체그림은 특정대상에 부피감을 더해 두껍게 도드라지도록 제작하거나 홀로그램을 이용하여 입체감을 나타내는 것인데 <금고기 은고기>는 후자에 속한다. 이 책의 발행년도가 1990년이라는 것을 감안한다면 당시 북한만화의 경직성과 사상성은 차치하고라도 그림의 완성도와 실험정신은 우리와 비교해도 부족함이 없다는 것을 짐작할 수 있다. 이처럼 북한만화에서 그림의 완성도가 뛰어난 이유는 북한문예창작의 특성상 전문미술가가 선전포스터를 그리거나 가극의 무대그림을 그리는 등 예술가 간의 분업·협업이 보편화되어 있기 때문이다.

그런데 그림에서의 완성도와 표현의 자유는 주로 저연령 대상인 아동만화에 국한된다. 아동만화는 대부분 컬러그림에 작가별로 개성이 뚜렷하고 색감도 다양한 데 반해 청소년 대상 만화는 1도 혹은 2도 색상으로 표현된다. 그림도 훨씬 단순하며 작가별로 구분하기 어려울 정도로 유사하다. 기법에 있어서도 아동만화는 수채화나 유화를 주로 사용하고 청소년만화는 펜화나 간단한 붓그림이 많다.

아동만화는 대개 그림동화 형식으로 그림과 글이 분리되어 있고, 청소년 만화는 남한의 일반적인 코믹스물처럼 컷을 통해 이야기를 전개한다. 따라서 아동만화는 한 페이지당 한 장의 그림이 들어가지만 청소년만화는 작은 컷에 여러 개의 그림을 그려야 하기 때문에 효율면에서 보다 빠르게 작업할 수 있는 형태를 택했다고 생각할 수 있다. 또한 대개의 만화가 일일이 붓으로 채색하는 방식으로 만들어진다는 것을 감안하면 청소년만화에 색상을 넣는다 해도 컷마다 세밀하게 채색하기가 쉽지 않을 것이다.

그림보다 글

북한만화에서 중요한 것은 그림보다는 글이다. 북한의 문예는 문학중심이다. 이것은 '문예(文藝)'라는 명칭에서도 드러나는데 우리가 문예라고 할 때는 '문화예술(文化藝術)'을 뜻하지만 북한은 '문학예술(文學藝術)'이 된다. 북한에서는 모든 예술에 서사가 있어야 한다. 즉, 있는 그대로의 현실을 사실적으로 반영해야 하고 작품을 통해 인물이 평범한 사람에서 깨어 있는 혁명가로 발전하는 과정을 보여줄 수 있어야 한다. 이때 문학은 작품에서 전달하고자 하는 주제를 창작하기 위한 기본이 된다. 따라서 북한의 만화에서는 그림의 완성도를 위해 내용을 축소하는 일은 있을 수 없고 그림은 어디까지나 주제를 효과적으로 전달하기 위한 보조수단으로 기능한다. 필요하다면 얼마든지 만화의 형식을 무시하고 글 중심으로 이야기를 전개하기도 한다.

만화 속 주인공들의 대사는 곧 독자들을 향한 선전구호이므로 한 컷에 과중한 대사가 마련된 경우가 많다. 이때에는 무

글과 그림의 배치 유형

리하게 말풍선을 늘여 빽빽하게 대사를 채우거나 아예 컷 안에 그림 없이 글만 나열하기도 한다. 남한장기수 이인모의 일생을 그린 <불사조의 노래>는 매 페이지 하단에 전체 페이지 1/4정도 크기의 가로로 긴 컷을 마련하여 그림 없이 글로만 채우고 있는데 상단의 만화 컷들이 그림과 글을 섞어 천천히 이야기를 전개하고 있다면 마지막 컷에 와서는 글만 나열하여 빠르게 나머지 이야기를 전달하는 식이다.

조선 후기 박문수의 일대기 중 몇 가지 업적을 재구성한 <암행어사 박문수>(문학예술출판사, 최홍식 글, 김은덕 그림, 2004)는 아예 일종의 그림소설처럼 상단에 그림을 한 컷 배치하고 하단에 글을 따로 배치하고 있다. <열정의 노래> 역시 한 페이지에 그림과 글을 따로 분리하여 넣거나 아예 그림 속에 글을 삽입하였다. 고구려 역사를 그린 시리즈물 <고구려 척사>(조선출판물교류협회, 김인수 원작, 강상준 그림, 2000~)는 한 페이지에 그림을 상하좌우 중 한 곳에 배치하고 나머지를 글로 채우고 있다. 따라서 그림은 해당 페이지 내용 중 가장 중요한 장면을 설명하는 삽화역할에 머물게 된다.

단조로운 표현기법

북한만화를 읽다보면 남한만화에 얼마나 다양한 표현기법이 담겨 있는지 새삼 느낄 수 있다. 주변에 만화책이 있다면 한번 펼쳐보자. 일반적인 코믹스 만화라면 무엇이라도 좋다.

괴물들이 달려오는 장면에는 괴물 주변으로 원형의 집중선이 그려져 빠르게 달리는 속도감과 위압감을 강조한다. 크게 휘두르는 칼 위아래에는 평행한 자선이 촘촘하게 있어 빠른

칼놀림을 실감할 수 있다. 혹은 칼이 움직인 궤적대로 여러 개의 칼을 그려줌으로써 정지된 장면 안에서 움직임을 표현하기도 한다. 멀찌감치 서 있던 주인공은 갑작스럽게 클로즈업되고 다음 장면에서는 부라린 눈이 컷을 한가득 메운다. 굵게 강조된 대사와 짙게 음영이 진 눈가의 주름으로 주인공이 느끼고 있을 고요한 분노를 짐작할 수 있다.

남한의 만화에서는 글자조차 이미지처럼 활용된다. '콰앙' 하고 폭탄이 터지는 소리는 크게 팽창한 듯 휘어지면서 컷을 한가득 메운다. 마치 폭발로 글자마저 터져 나오는 듯하다. 포효하는 전사의 외침은 자음과 모음이 거칠게 구겨지고 찢긴 채 길게 늘어져 있다. 이것은 땅이 흔들릴 듯 쩌렁쩌렁한 외침을, 기합을 넣듯 크게 한번 내지르는 것이 아니라 길게 이어가는 것을 의미한다. '하하하하' 너털웃음을 나타내는 글자는 뒤로 갈수록 작아지다가 결국 사라진다. 대기 속으로 흩어지는 소리의 여운이 느껴지는 듯하다. 예상치 못한 곳에서 갑자기 등장하는 인물은 머리 위에 '두둥'이라는 글자를 달고 있다. 효과적인 분위기 전달을 위해 실제로는 존재하지 않는 소리까지 만들어낸 것이다.

그런가 하면 커다란 컷 속에는 인물의 특정부위만 클로즈업한 작은 컷이 들어 있어 대략적으로 그려진 전체모습과 특정부분의 세밀한 묘사를 동시에 맛볼 수 있다. 잘게 쪼개진 컷마다 들어간 인물들은 제각각 다른 표정을 지으며 대조된다. 몇 개인지 세기도 어려울 만큼 복잡하게 나뉘고 이어진 컷들이 있는가 하면 한 페이지 가득 한 장면만 채워 시선을 압도하기도 한다. 또한 흠칫 놀라는 주인공의 얼굴 주위로는 삐쭉빼쭉 당혹감을 나타나는 선이 있다. 당황하고 있다면 얼굴에 주르륵 땀 한 방울이 흐를지도 모른다. 한숨을 내쉬는 입술 사이로는 김이 나듯 날숨의 움직임을 그린다.

이처럼 남한에서는 오직 시각으로만 전달되는 만화의 한계를 극복하기 위해 다양한 표현기법을 개발해왔다. 소리나 냄새 같은 감각은 물론 심리상태, 대사까지 시각화되어 전달된다. 그래서 독자는 일단 눈으로 정보를 받아들이고 이를 다시 오감으로 구분하여 느끼게 된다. 한마디로 남한의 만화는 생생하고 흥미진진하다.

그러나 북한만화에서는 이러한 '만화적인' 재미를 찾기 어렵다. 다른 말로 하면 북한만화는 정지된 화면을 나열해 놓은 것 같다. 사실 남한이든 북한이든 그림 자체가 움직이지는 않는다. 다만 남한의 만화는 그 속에 움직임을 주고 소리를 불어 넣고 감정을 싣기 위해 다양한 기법을 활용할 뿐이다.

북한의 만화에서는 특별한 표현기법이 거의 발견되지 않는다. 북한만화는 시각을 다른 감각으로 전환시키려고 애쓰지 않기 때문에 극단적인 원근감이나 과장과 생략을 통한 대상의 강조가 없다. 그래서 북한에서는 만화그림과 삽화그림이 본질적으로 다르지 않다. 그러나 그림만으로는 세밀한 분위기 전달과 내밀한 심리묘사가 어렵다. 남한만화가 글조차 이미지화할 정도로 발전을 이룩했다면 북한만화는 초보적인 형태로 글과 그림을 단순조합한 것에 지나지 않는다.

컷 연출에 있어서도 특별한 기법은 발견되지 않는다. 초기 미국의 신문만화나 유럽만화처럼 단순한 띠 형태의 컷들이 도식적인 형태로 순서대로 배열되는 식이다. 직사각형의 컷이 순서대로 나열될 경우 컷은 시간의 흐름을 표현하고 장면을 전환하기 위한 구분선 정도에 그친다. 남한만화에서 컷은 그 이상의 역할을 한다. 사선이나 가로가 긴 직사각형 컷은 날카롭게 선 인물의 심리상태를 나타내거나 인물의 권위를 상징한다. 컷 밖으로 인물이 뛰쳐나오거나 아예 부분적으로 컷을 없애 여백을 모두 활용함으로써 공간감을 극대화하기도 한다. 남한만화에서는 컷연출이 극단으로까지 진화하여 만화만의 독특한 화법으로 정착하기도 하였다. 그러나 북한만화에서는 눈에 띄는 발전이 보이지 않는다. 특히 청소년용에 비해 아동만화는 컷연출이 훨씬 단순하여 좌우상하 4칸배치 등 기본적인 형태가 많다.

북한만화에 사용되는 말풍선도 둥근 원과 화살표 모양의 꼬리를 이용한 기본적인 형태가 많다. 남한만화가 작가의 스타일에 따라 기본 말풍선이라도 직사각형, 원형, 사다리꼴 등 모양이 제각각이고 대화, 독백 등 말하는 방식에 따라, 외침, 흐느낌 등 감정 상태에 따라 상이한 모양을 사용하는 것과 대조적이다.

이처럼 북한만화가 독자적인 표현기법을 발전시키지 못한 이유는 대략 다음의 두 가지로 요약된다. 첫째, 북한만화에는 경쟁이 없다. 남한의 만화는 판매고를 올리기 위해 독자들의 시선을 사로잡는 법, 효과적인 내용전달에 고심하지만 북한의 만화는 어디까지나 필요성에 의해 제작되기 때문에 남한처럼 빠른 발전을 이룩하기 어려웠을 것이다. 둘째, 작가가 창의력이나 개성을 발휘하기 어렵다. 북한의 문학예술은 당에 의해 전달되는 창작방식을 따르기 때문에 작가의 독창적인 작품활동은 비판의 대상이 된다.

1990년대 후반부터는 북한만화에서도 몇 가지 변화가 나타난다. <단검작전>은 과거회상장면에서 컷의 테두리를 직선 대신 구름모양으로 바꾸어 시각적으로 구분할 수 있도록 하였다. 등장인물의 외침은 삐쭉빼쭉한 말풍선으로 소리의 거셈을 표현하고 있다. <사로잡힌 띤>에서는 컷을 사선모양으로 자르거나 크기를 다양하게 만들고 칸 밖으로 인물이 튀어나온 듯 인물의 심리상태를 강조하는 등 컷연출이 다채로워진다. 그러나 아직은 미미한 수준의 변화이고 일부 만화에서 발견되는 정도다.

책의 판형, 분량에서는 일정한 규격화가 이루어져 있다. 특수한 목적의 레이블을 제외하면 만화단행본은 대개 아동용은 18×25(cm), 청소년용은 14×20(cm) 크기로 제작된다. 분량은 48, 160, 256쪽이 많다. 특히 비슷한 시기, 동일한 출판사에서 출간된 만화라면 크기와 분량이 정확히 일치하기도 한다. 남한의 만화는 주제나 특성에 따라 백상지, 아트지 등 일반종이는 물론 플라스틱, 고무 등 특수한 재료까지 사용한다. 북한은

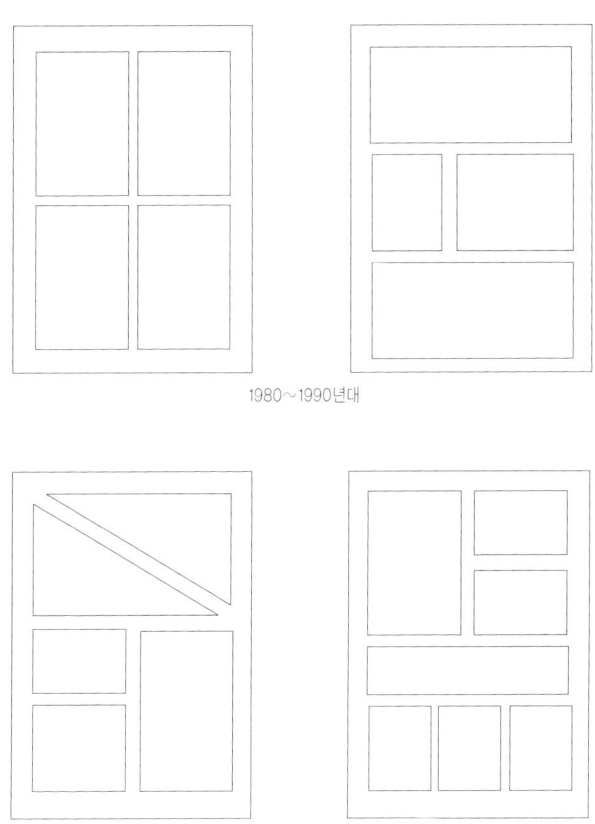

시대별 컷 연출 변화

아동만화는 흰색의 백상지를, 청소년만화는 회색의 갱지를 일반적인 내지로 사용한다. 다만 2000년대 들어서는 북한의 어려운 경제상황을 반영이라도 하듯 표지와 내지가 모두 질 낮은 갱지로 제작된 만화가 많다.

북한만화는 특별한 경우가 아니라면 시리즈물이 없다. <고구려척사> 같은 역사물이나 <동물세계 탐험기>(금성청년출판사, 정도유, 1985)처럼 백과사전식 학습만화를 제외하면 대개 한 권으로 끝난다. 이것은 북한의 문학예술작품이 체제와 당의 위대함을 표현하기 위해 대작 위주로 제작되는 것과 대조적이다.

사실적인 그림

우리 만화에 친숙한 독자들에게 북한의 만화그림은 생소하게 다가올 수 있다. 우리는 은연중에 '만화' 하면 갸름한 얼굴과 얼굴의 반을 차지하는 큰 눈, 남자라면 늘씬한 키와 우람한 체격, 여자라면 가느다란 팔과 쭉 뻗은 다리를 연상하기 쉽다. 이것은 얼굴이나 신체의 특성을 반영한 과장과 생략이 아니라 우리의 주관과 취향을 반영한 왜곡에 가깝다. 사실 남한의 만화는 발전과정에서 일본만화의 영향을 상당부분 받았다. 일본만화의 시대별 특성을 고스란히 이어받아 우리 만화에서도 동일한 변화가 나타나기도 한다. 그러나 북한만화는 일본의 화풍에 전혀 영향 받지 않고 독자적으로 발전해왔다.

북한의 만화는 그림이 사실적이다. 북한의 문화예술창작 원칙 중 하나인 '사회주의적 사실주의 원칙'은 일차적으로 인민의 삶과 혁명투쟁의 과정을 사실적으로 연결시키는 것을 의미한다. 남한의 대세인 판타지, SF만화가 북한만화에 없는 것은 이 때문이다. 한편 '사회주의적 사실주의 원칙'은 사실적인 묘사로 리얼리티를 가지는 것을 뜻하기도 한다. 추상주의나 상징주의는 자본주의의 폐단이라 하여 비판받는다. 따라서 만화에서도 인물은 실제 동양인의 모습에 가깝고 인체비례가 자연스러우며, 예쁘고 멋있게 보이기 위해 꾸미지 않는다. 배경 역시 사실적으로 표현된다. 굳이 비교하자면 북한만화는 그림에 있어 남한보다 미국식 코믹 스트립과 비슷한 모양을 하고 있다. 이러한 특성은 청소년 만화에서 확연하게 드러난다. 이때 주인공은 겉모습에서도 혁명정신과 충성심 등이 나타나야 하기 때문에 표정과 행동이 경직되어 있다.

아동만화에서도 그림은 대부분 사실적으로 표현된다. 동물을 주인공으로 내세울 경우 인간의 말을 사용하기는 하지만 사람과 동일한 인체비례로 그리지 않고, 해당 동물의 특징적인 생김새에 기초하여 그려진다. 다만 독자층의 연령대를 고려한 탓인지 청소년만화에 비해 비교적 귀여운 모습이 많다.

북한만화에는 주로 유화나 수채화 같이 붓을 이용한 그림이나 펜화가 많다. 목판화 형식의 만화도 종종 발견된다. 몇몇 만화들은 신문만평보다 더 간략한 그림으로 대충 실루엣만 구분하듯 그려지기도 한다. 한편 남한만화에서 보편적으로 사용되는 스크린톤을 찾아볼 수 없다는 것도 북한만화의 특징 중 하나다.

특징적인 레이블

　북한의 출판사는 당의 철저한 관리감독에 의해 통제되며 국가에 의해 운영된다. 모든 출판물들은 당과 연계되어 있고, 대중의 교양화를 궁극적인 목적으로 삼아 당에서 인민으로 내려오는 일방향성을 가진다. 또한 분야에 따라 출판사가 구분되어 있으며 동종출판사나 중복, 경쟁출판이 없다. 조선로동당출판사는 로동당 관련물과 수령노작을 출판하고 사회과학출판사는 사회과학 관련 도서를 출판하는 식이다. 북한에는 전문만화출판사가 따로 없다. 대부분의 만화는 금성청년출판사에서 출판되고 특수한 목적의 만화는 해당분야의 출판사에서 제작하기 때문에 출판사 이름만 보아도 무슨 만화인지 짐작할 수 있다. 이중 몇 가지 특징적인 레이블과 함께 만화와 관련해 주목할 만한 잡지를 살펴보자.

공산주의 도덕교양시리즈

1946년 4월 창립된 금성청년출판사는 초·중등학교 교재와 사회교육용 자료를 출판하고 있다. 북한만화는 아동과 청소년을 대상으로 삼기 때문에 대부분의 만화가 이곳에서 출간된다. '공산주의 도덕교양시리즈'는 1993년부터 1994년까지 총 10권의 단행본으로 제작되었다. 1도 색상에 크기는 10.5×15(cm)이며 40쪽 내외 분량으로 한 페이지에 1~3개의 컷을 사용하고 있다. 각권마다 1부터 10까지 번호를 매기고 있으나 발행년도로 보아 순서대로 출간된 것 같지는 않다. 작품의 내용은 크게 ①개인의 안위와 자유보다 집단과 조직 속에서 조화를 추구, ②기본적인 질서의식 함양으로 요약된다. 전체시리즈의 글은 김성일이 도맡아 레이블의 일관성을 유지하고 있다.

도서명	그 림	발행년도	그림형식	줄거리	주 제
1. 충성동이	최근호	1994	만화	집단체조를 통해 조직력의 중요성 강조, 김일성에 대한 복종	국가와 김일성에 대한 충성
2. 폭우를 뚫고	리철근	1993	만화	조별숙제를 위해 큰아버지 댁에 들렀다가 큰비를 만나지만 기다리는 조직원들을 위해 빗속을 뚫고 돌아감	집단과 조직에의 융화

3. 뜨거운 마음	박룡세	1993	만화	친구 정관의 믿음에 힘입어 최고 우등생이 된 영만	우정
4. 례절바른 영남이	박룡세	1993	만화	예절 바른 영남이의 행동	예의
7. 네거리 에서	리승철	1994	만화	이모를 만나기 위해 서두르던 철이가 교통질서를 어기다 사고를 당하고 뉘우침	교통질서 준수
9. 거울	박룡세	1993	만화	산만하고 개구쟁이인 동생 철국이 깔끔하고 모범생인 형의 지도 아래 변화	단정한 옷차림
10. 자랑하고 싶은 소년	고임홍	1993	만화	수학여행간 주인공이 외국인들에 친절한 모습을 보여주어 귀감이 됨	주체 조선의 새세대다운 생활

    각 단행본 첫 페이지에는 '학생소년들이 도덕생활에서 지켜야 할 열 가지 사항' 중 하나가 선전구호 형식으로 적혀 있다. 각 권은 이중 하나씩을 주제로 삼아 짧은 에피소드 형식으로 만들어졌다. 이중 첫 번째는 '학생 소년들은 경애하는 수령 김일성 대원수님과 친애하는 지도자 김정일 선생님을 끝없이 존경하고 모셔야 한다' (<충성동이>)로 학생이 지켜야 할 도덕 중에서도 으뜸은 김일성, 김정일에 대한 충성이라고 강조한다.

철도출판사 레이블

1951년 12월 창립된 철도출판사는 철도관련 서적을 발행하는 곳으로 '그림이야기' 만화레이블을 출간하고 있다. 1도 색상에 크기는 15×10.5(cm)로 가로가 길고 48쪽 분량이다.

도서명	글	그림	발행년도	그림형식	내용
철길과 더불어 스물두 해	리대식	박영철	1990	만화	철길에 아름다운 꽃밭을 가꾸는 어린이들
날아가는 렬차	홍성표	오국환	1991	만화	철도의 역사와 제작방법 설명, 미래의 철도 모습
129호 지점에 선 렬차			1992	만화	열차를 세워 사람들을 구한 용맹한 한 어머니
소년기관사	리대식	오국환	1992	만화	
안녕을 바라는 마음안고	리대식	리일복	1993	그림동화	철도가 잘 달리게 하기 위해 마을 주민들이 협동하여 철길을 관리
진격의 첫 렬차를 몰고	리대식	박종렬	1994	만화	6·25 철도수송전사의 용맹담
아버지의 마음	김성희	박영철	1997	그림동화	영예군인에게 딸을 주기 싫어하던 마음을 깨우치고 시집보낸 아버지의 깨달음

만화의 주제는 ①철길을 잘 관리하고 주변을 아름답게 가꿀 것(<철길과 더불어 스물두 해> <안녕을 바라는 마음안고>), ②철도와 관련된 이야기(<129호 지점에 선 렬차> <진격의 첫 렬차를 몰고> <아버지의 마음>) 두 가지로 나뉜다. 북한에서는 철도가 화물운송의 90%, 여객수송의 60%를 담당할 만큼 주요한 운송수단이지만 대부분이 낙후되어 있다. <철길과 더불어 스물두 해>에는 실제 김일성이 철도 주변에 꽃밭을 가꾸도록 교시한 적이 있다는 내용이 나온다. 북한의 경제상황을 고려하면 낙후된 시설을 당 차원에서 모두 교체·관리하기 어렵기 때문에 인근 주민들의 자발적인 관리를 도모할 필요가 있었을 것이다. 철도와 관련한 이야기는 전쟁에서 철도를 이용한 승리, 전해오는 훈훈한 미담을 통해 철도의 소중함을 일깨우고 있다.

각 단행본 뒤표지에는 김일성과 김정일이 했다는 말을 선전 문구로 적어두고 철도가 국가의 소중한 재산이며 철도를 가꾸는 것이 나라와 사회를 위한 좋은 일임을 다시 한번 강조한다.

"소년단원들은 나라와 사회를 위하여 '좋은 일 하기 운동'을 많이 하여야 합니다."(김일성)
－<철길과 더불어 스물두 해>

"철도는 나라의 동맥이며 인민경제의 선행관입니다."(김일성)
－<날아가는 렬차>

"우리의 용감한 기관사들이 높이 울린 기관차의 기적소리는 전선에서 싸우는 인민군용사들과 후방인민들을 승리에로 고무하였습니다."(김일성)

-<진격의 첫 렬차를 몰고>

인민보건사 레이블

의학관련서적을 출판하는 인민보건사에서 발행하는 만화로, 아동들이 일상생활에서 지켜야 할 보건위생의 종류와 방법에 대해 설명하고 있다. 1도 색상으로 크기는 15×10(cm)로 가로가 길고 32~48쪽 분량이다.

저연령층을 대상으로 한 교육만화인 만큼 동물주인공들을 등장시켜 재미를 더한다. <나의 건강수첩>은 로봇이 등장하여 아동들에게 음식보관방법, 올바른 손씻기 등 일상생활에서 지킬 수 있는 보건위생을 설명하고 있다. <방역진에 걸려든 꿀꿀이>는 전염병을 예방하는 예방주사의 중요성을 가르친다. <쉬파리의 죽음 길>은 병을 옮기는 쉬파리가 생기지 않도록 주변을 깨끗하게 정돈할 것을 강조한다. <멍멍이는 왜 울었나>는 귀울음증의 예방법과 귀울음증에 걸렸을 때의 대처법에 대해 설명한다. <죽음에서 구원된 자라>는 남한의 공해병을 소재로 하늘과 바다, 땅, 공기가 모두 오염되면 사람이 살아가기 어렵다며 자연의 소중함을 일깨운다.

이때 <죽음에서 구원된 자라>는 남한에서 도저히 살지 못

도서명	발행년도	글	그림	그림형식
나의 건강수첩(1)	1989	황병곤	오수련	만화
죽음에서 구원된 자라	1990	황병곤	황금란	만화
멍멍이는 왜 울었나	1991	황병곤	김명화	만화
곰형제가 받은 진단	1992	황금란	황금란	만화
방역진에 걸려든 꿀꿀이	1992	황병곤	오수련	만화
다람이의 뉘우침	1994	황금란	황금란	만화
멍멍이 삼형제	1994	리명희	리학철	만화
쉬파리의 죽음 길	1994	황병곤	리학철	만화
귀중한 <보약>	1995	황병곤	정수상	만화
방울염소의 속임병	1995	김익찬	오수련	만화
코끼리의 이닦이	1995	리명희	정수상	만화
개구리의 겨울잠	1998	리명희	오수련	만화

해 북한으로 건너온 자라의 입을 통해 공해병의 심각성을 고발함과 동시에 이 모든 것이 자본주의체제의 폐단이라고 가르친다. <방역진에 걸려든 꿀꿀이>에서는 마을에 전염병 위험이 생긴 이유가 비위생적인 남쪽에서 전염병이 돌고 있기 때문이라 하는 등 남한을 부정적으로 인식하도록 유도하는 장면이 있다. 이것에서 북한의 모든 문예창작물이 사상성을 근본으로 한다는 점을 다시 한 번 확인할 수 있다.

 한 가지 흥미로운 점은 <죽음에서 구원된 자라>에서 자라를 돕는 북한군인들의 모습이다. 이들은 오리로 묘사되는데 생김새며 옷, 모자 등의 소품이 디즈니 애니메이션의 '도널드

덕'과 똑같이 생겼다. 다른 인민보건사 만화에 등장하는 오리도 도널드덕을 연상시키는데, 미국을 극렬하게 비판하는 북한에서 미국의 애니메이션 캐릭터를 모방한 것은 잘 이해되지 않는 부분이다.

잡지 『천리마』

『천리마』는 북한 유일의 대중교양잡지로 천리마사 편집위원회에서 월간으로 발행하고 있다. 발행부수는 1억 2,000만 부이며 가격은 1원 50전이다. 크기는 18×25(cm), 분량은 140쪽 내외다. 1959년 초부터 천리마운동의 대중화를 위해 발행되었고 김일성이 직접 제호를 정한 것으로 알려져 있는 이 잡지는 인민들의 공산주의 교양과 당의 노선과 정책, 특히 수시로 제기되는 시책을 빠르게 선전하는 역할을 한다. 앞표지는 북한의 명승지 등 사회의 긍정적 측면을 선전하는 사진이나 그림이 실리고 앞뒤표지 안쪽에는 성과작으로 꼽히는 대중가요의 악보나 선전포스터가 실린다. 1980년대 말 이후에는 체제찬양 및 고수를 다짐하는 내용이 주를 이루고 있다.

기사의 내용은 크게 체제찬양, 통일문제, 일반생활상식 등으로 나뉘며 수기, 기행문, 혁명유물 소개, 지상연단, 시, 연재소설, 만평 등의 형태로 게재된다. 최근에는 여성들의 옷 입는 법이나 화장법과 함께 성인병 같은 건강관련 기사가 등장하여 관심을 끌고 있다. 북한 중앙TV는 최근 이 잡지가 역사이야기와 과학지식 그리고 체육소식과 건강상식에 이르기까지 여러 상식을 소개하여 독자들의 친근한 길동무가 되고 있다고 보도하였다. 이밖에 북한의 명승지 및 유적에 관한 기사도 게재되며, 사진은 앞표지와 뒤표지를 포함하여 20컷 내외가 실려 있다.

『천리마』는 글이 위주가 되는 잡지로, 만화가 처음 등장한 것은 1985년 1월호에 4단만화와 만평을 게재하면서부터다. 그전에는 '풍자시사평'이라는 코너가 있어 가끔 삽화가 들어가기도 했다. 1980년대 만화는 주로 남한의 민주화운동이나 정치적 불안 등을 주요소재로 삼았다. 1985년 1월에 실린 <새울타리>라는 제목의 만평은 전경으로 둘러싸인 대학을 묘사하고 있다. 4단만화에서는 남한의 부정축재자들이 청와대의 지시에 따라 숨죽이고 있는 상황을 비꼬고 있다. 이와 같은 만화와 만평에는 처음에 작가가 표기되지 않다가 그해 5월부터 '허능택'이라는 이름이 표기되기 시작한다.

1993년 12월호 만평은 <문민정치>라는 이름의 깨진 항아리로부터 뱀이 혀를 날름거리며 올라오는 그림인데, 뱀의 몸뚱이에는 '안기부'라 적혀 있고 혀에는 '국가보안법'이라고 쓰인 만평이 실린다. 군사정권에서 문민정부로 바뀌었어도 국가보안법은 여전하다는 사실을 소재로 삼았다. 또 핵사찰을 요구하는 일본의 모습을 흡사 오페라 가수가 아리아를 부르는 것처럼 비꼬기도 했다. 1998년 1월부터는 작가진이 변화하여 주용일, 리태균이 각각 만화와 만평을 담당하였다. 1990년대에도 한나라당의 실정과 서해사건, 김영삼의 정당활동 재개선언 등 여전히 남한의 체제, 정치활동에 대해 비판하고 있다.

이후 코너명이 <덕보영감>으로 바뀌고 잠시 만화가 사라졌다가 2002년부터 다시 <아리랑 화살>이라는 제목의 4~5단 연재만화와 한 페이지 만평이 나타난다. 연재만화는 주로 글은 리철환 그림은 함중혁이 담당하였고, 만평에는 김창훈, 박룡운, 김광석, 백학훈, 함준혁 등 다양한 작가가 참여하고 있다. 2000년대에도 여전히 남한에 대한 비판이 주를 이루는데 미국과 일본 등 한반도 주변의 강대국과 국제정세에 대한 비판도 상당한 비중을 차지한다.

잡지 『꽃봉오리』

유치원생을 대상으로 한 유아용 교양학습잡지인 『꽃봉오리』는 2003년 1월부터 격월간으로 교원신문사에서 발행되고 있다. 크기는 18×25(cm), 총 23쪽 분량이며 전체 페이지가 컬러로 제작되고 있다. 첫 페이지에는 김일성의 생가나 김일성과 김정일이 다녀간 곳 등의 사진과 함께 이를 소개하는 글을 싣는다. 독자층인 유아의 쉬운 이해를 위해 전체 페이지가 만화형식으로 꾸며진다. 그림에는 컷구분선이 따로 없이 자연스럽게 분절되어 있으며 글과 그림이 따로 배치되어 일반코믹스라기보다 그림동화 형식에 가깝다. 이때 각각의 그림이나 글에는 번호가 매겨져 읽는 순서를 안내하고 있다.

2005년에 이르러서는 말풍선을 사용하거나 초보적인 형태의 컷분할을 시도하는 등 좀더 만화형식에 가까워지기도 한다. 그림은 유화, 수채화, 컴퓨터그래픽 등 다양하며 그림 자체의 완성도는 높지 않다. 밑그림 없이 대충 형태를 그려 넣은 그림도 종종 눈에 띈다.

각 코너는 전설이나 옛날이야기, 유아들이 지켜야 할 도덕, 노래배우기, 간단한 셈하기와 글자 맞추기 등으로 구성되어 있다. 셈하기와 글자 맞추기를 제외한 잡지 내 모든 코너에서는 김일성, 김정일에 대한 극단적인 신격화가 이루어진다. 2003년 1호의 <2월 16일>이라는 만화는 김정일의 생일이 2월 16일이 된 이유를 옛날이야기를 들려주듯 소개한다. 21은 21세기를 뜻하고 16은 월요일, 즉 시작을 의미하므로 곧 21세기를 밝힐 태양이라는 뜻이며, 성지인 백두산 소백수골의 높이가 216m인 것도 하늘이 미리 알고 정한 것이라는 식이다. 2003년 2호의 <보물 뒤웅박>은 김일성의 생가인 만경대 고향집에는 무엇이든 주는 신기한 보물 뒤웅박이 있었는데 어린 김일성이 지니고 있으면 좋은 것이 나오고 바우라는 소년이 가지니 아무것도 안나와 결국 돌려주었다는 내용이다.

유아들이 일상생활에서 실천해야 할 예의범절을 가르치는 '따라 배우기' 코너에서는 '경애하는 김일성 대원수님의 어린 시절 따라 배워요'식의 제목으로 김일성, 김정일의 어린 시절 이야기를 통해 어린이들이 지켜야 할 예의범절을 설명한다. 예를 들어 2003년 1호에서는 웃어른들의 일손을 도운 김정일의 어린 시절을 본받아 따라 배우고, 2호에서는 스스로 잠자리를 치우고 마당청소와 닭모이 주기를 도맡은 김일성을 따라 배우자고 가르친다.

같은 호의 <제비들은 쌍을 지어 돌아와요>에서는 김정일의 어린 시절 이야기를 소개하고 있다. 만경대 고향집 제비둥지를 보던 어린 김정일이 제비는 봄에 돌아온다는 사실을 알게 되었다는 내용이다. 2003년 3호에는 <쏟아지던 비가 뚝 멎었어요>라는 제목으로 김정일이 야영소를 방문하자 그때까지 억수로 쏟아지던 비가 뚝 멎고, 김정일이 떠난 후에 다시 쏟아졌다는 이야기를 싣고 있다.

'노래배우기' 코너에는 아이들이 함께 배우고 따라 부를 수 있는 노래가사가 마련되어 있다. 2003년 1호에 있는 '어디에 계십니까 그리운 장군님'은 1~4절로 이루어져 있으며 아버지 장군님을 찾아가겠다는 내용을 담고 있다. 2004년 1호 표지는 김정일에게 새해 인사를 드리는 유치원 어린이들의 모습으로 꾸며져 있다.

위의 예에서 알 수 있듯『꽃봉오리』는 도덕이나 일반상식, 노래, 옛날이야기 등 유아의 교양함양과 학습증진을 목적으로 하지만 본질적으로는 김일성과 김정일의 우상교육을 위한 잡지라 할 수 있다. 인간의 능력을 뛰어넘는 신비한 능력, 완벽에 가까운 재능과 성품으로 치장된 묘사는 어떤 종교보다 더 종교적이다. 아직 비판적인 판단이 어려운 유아들에게 이와 같은 세뇌교육의 효과는 막대하며 성장한 후에도 지대한 영향을 끼칠 것이다.

　2003년 2호에는 남한의 두 여학생이 미군 장갑차에 의해 죽은 사건을 풍자하는 <미군 나가라>는 만화가 실려 있다. 3호의 표지는 미군을 총의 개머리판으로 내리치는 유치원생의 모습이고 4호에서는 조국해방전쟁 당시의 이야기를 만화로 재구성하였다. 5호의 <사회주의 내 나라 제일 좋은 나라>는 김정일 장군이 이끄는 북한이 가장 행복한 나라라는 내용을 담고 있는데, 우상화 작업과 함께 북한에서는 유아 때부터 철저한 군사교육과 사상교육을 실시하고 있음을 알 수 있다.

북한 만화가 남한에 소개된 사례

 남북한이 서로 각자의 정치적 이념에 따라 사회구성의 틀을 잡은 이후, 남한에서 일반국민들이 북한에 관한 자료를 접하는 것은 현실적인 어려움과 함께 일종의 두려움마저 가지게 만드는 것이었다. 특히 1970년대 박정희 정권이 국시를 반공으로 정한 이후에는 언론에서조차 북한에 관한 언급이 쉽지 않았다. 1980년대 후반에 들어서 민주화의 열기와 함께 이념적 관점이 아닌 민족적 관점으로 한반도의 반쪽을 받아들이게 됨으로써 서서히 북한에 대한 자료와 정보들을 일반국민들도 접할 수 있게 되었지만, 이때까지도 북한에서 어떠한 만화가 창작되고 있고 누가 만화책을 만들고 있으며 무슨 내용을 담아내고 있는지를 알 길이 전무했다. 결국 북한만화에 대한 간접적인 소개가 처음으로 이루어진 것은 귀순자들의 입을 빌려서다.

제일 먼저 대중적으로 북한만화에 대한 언급이 이루어진 것은 1987년 6월 19일자 『주간만화』를 통해서이다. '집체창작 북한만화'라는 제목 아래 호외로 다루어진 이 기사는 당시 북한에서 귀순한 김만철 일가 가운데 처남 최평섭과의 인터뷰를 통해 북한만화의 창작방식과 소재 등에 관하여 이야기를 하고 있다.

국내 여류작가인 황미나가 인터뷰를 진행했던 이 기사는 "대부분 전투만화이고 또 그중 많은 게 남조선 간첩을 어린이들이 잡는다는 내용, 김일성의 어린 시절 얘기 등등"이라며, "북에서는 사상적 교육이나 혁명적 가치가 없다고 인정되면 만화는 물론 영화·소설까지도 삭제"된다고 밝히고 있다. 또한 "북한에서 활동하고 있는 작가는 많지만 어떤 사람들인지 이름은 대부분 모른다"고 밝히면서, "그림도 다 똑같고 내용도 거의 비슷비슷하기 때문"에 누가 이 만화를 만들었느냐는 신경 쓰지 않는다고 전한다.

기사 가운데 특별히 '허능택'이라는 이름이 등장하는데, 최평섭은 그에 대해 "특히 각 나라 대통령의 얼굴을 잘 그린다"고 평하고 있다. 재미있는 것은 우리에게 친숙한 만화영화 <톰과 제리>에 관한 언급이다. "<심술고양이와 꾀쥐>라는 만화영화를 방영하는데 이곳에서는 '톰과 제리'로 방송된다고 들었습니다. 북에서는 심술고양이가 미제국주의자를 뜻하고 꾀쥐는 북한사람을 의미한다고 선전하고 있습니다"라고 밝히고 있다. 미국에서 제작된 만화영화가 북한사회에서는 오히려 미국비방의 목적으로 방영된다고 하니 아이러니가 아닐 수 없다.

2년 뒤, 일간지 「조선일보」가 북한만화에 대해 관심을 나타내기도 했다. 「조선일보」 1989년 8월 15일자는 특집으로 '북한집중탐구'를 다루었는데, 문단, 학술, 출판, 방송 등 각 분야에 대해 언급을 하던 중 출판부분에서 "북한에도 만화책이 있긴 하지만 어린이들에게 상상의 날개를 펼쳐주는 것과는 차원이 다른 정치성이 짙게 깔린 것들 뿐"이라고 지적한다. 또 귀순자 김만철 씨의 아들 광호 군이 <날개달린 욕망> <원숭이 형제> <옥토끼> 등의 제목을 지닌 만화를 보았다고 밝히고 있다.

한편 미국에 소개된 북한만화를 취재한 내용도 있었으니 '북한만화 미국상륙'이라는 제목 아래 『주간만화』 1989년 9월 15일자에 소개된 기사가 그것이다. 기사는 "대남 공작용 고무풍선에 띄워 보내는 단컷짜리 정치공작용 만화의 형태를 바꿔 이야기 줄거리를 담은 단행본으로, 그것도 많은 종류로 내놓은 것이 특징"이라면서 "이 책들의 내용은 각기 다른 줄거리의 이야기를 전개해 나가다가도 결론은 한결같이 지주 등 소위 가진 자와 미국 제국주의, 일본 제국주의 그리고 한국 등을 비방·타도할 대상으로 규정지어 놓은 것"이고 밝힌다. 구체적으로 언급된 작품들을 살펴보면 <거꾸로 신은 신> <드

러난 정체> <참새가 남긴 실마리> <개싸움> <해동이는 왜 죽었나> 등이 있다. 이 작품들은 모두 금성청년출판사가 발행했다.

북한만화의 소개가 단순히 신문이나 잡지의 기사차원을 넘어 전시를 통해 대중들에게 공개된 사례는 국민의 정부에 들어와서다. 일관되게 진행된 대북포용정책과 더불어 당시 만화에 대해 긍정적으로 받아들이는 국민적인 인식이 함께 어우러져 이 같은 발상이 나올 수 있었던 것으로 보인다. 「강원일보」 2000년 9월 28일자는 아래와 같이 춘천만화축제의 북한만화 전시회를 기사로 다루고 있다.

춘천만화축제조직위원회는 오는 11월부터 2개월간 열리는 사이버 애니메이션 페스티벌에서 북한의 만화영화와 만화책을 사이버 공간을 통해 소개하기로 했다.

북한만화영화 사이트에 소개되는 만화영화는 「날개달린 용마」 「꾀있는 개미」 등 6편이다. 만화책은 <소년정찰병> 등으로 작품별로 5, 6컷 정도의 주요장면이 인터넷으로 선보인다. 이번 애니메이션 페스티벌은 종전의 일반 축제 외에 가상공간에서의 축제도 열리기 때문에 이처럼 인터넷으로 북한만화영화와 만화책의 소개가 가능해졌다. 시는 또 오는 11월4일~10일까지 하이테크벤처타운 세미나실에서 북한만화영화를 상영하고 인근 전자도서관 지하실에 30권 가량의 북한만화도 전시할 계획이다. 만화축제조직위관계자는 "남북화해의 물결 속에 북한의 만화영화와 만화책이 인터넷에 소개되는 것은 의미가 있다"며 "북한의 작품수준도 엿볼 수 있는 기회가 될 것"이라고 말했다.(후략)

2001년에는 8월 11일부터 19일까지 서울 삼성동에서 열린 제5회 서울국제만화애니메이션페스티벌(Seoul International Cartoon & Animation Festival, 이하 시카프)을 통해 북한만화가 일반인들에게 널리 소개되었다. 이에 대해 2001년 6월 4일자 「스포츠투데이」에 실린 '북한만화 일반공개 "반갑습네다"'라는 제목의 기사에서는 총 49권의 북한만화가 소개되고 있다고 전한다.

SICAF 사무국이 '남북만화 교류전'에 선보이기 위해 최근 입수한 북한만화는 총 49권. 북한에서는 만화와 그림책의 개념을 혼용해 사용하는 만큼 이중에는 칸 만화 이외에 아동용 그림책도 다수 포함돼 있다. 사이즈는 우편엽서 크기, 일반공책 크기, A4용지 절반 크기 등으로 다양하며 분량은 대부분 40~60쪽. 70년대 우리 만화처럼 컬러 표지에 속지는 흑백으로 인쇄된 것이 많고, 2도 인쇄된 만화도 다수 눈에 띈다.

이들 49작품 가운데 스캔 받아 일반관람이 가능한 것은 대략 10권 정도였던 것으로 밝히고 있다.
인터넷을 통해 북한만화를 상시적으로 접할 수 있게 된 것은 통일부 산하 북한만화자료센터(http://unibook.unikorea.go.kr)가 마련되면서다. 북한만화자료센터에서는 신분확인만 이루어지면 누구나 어렵지 않게 북한만화를 접할 수 있고, 특히 몇몇 작품은 홈페이지를 통해 맛보기 서비스를 함으로써 온라인상에서도 북한만화를 볼 수 있게 하였다. 서비스하고 있는 작품 목록은 아래와 같다.

- <사랑받는 례절이> (표지포함 12쪽)
- <날아가는 렬차> (표지포함 16쪽)
- <사랑하고 싶은 소년> (표지포함 12쪽)
- <례절바른 영남이> (표지포함 12쪽)
- <네거리에서> (표지포함 10쪽)

최근에 이르러 민족의 동질성을 회복하고 남북한 서로의 생활풍습과 문화적인 차이를 이해하기 위한 일종의 텍스트로서 북한만화를 사용하는 예도 보인다. 「부산일보」 2005년 5월 19일자 기사 '북한 친구 생활 체험'이 이에 관한 적절한 사례가 되겠다.

> '북한 친구들의 하루 생활 엿보기'란 주제로 열리는 이번 행사는 어린이들에게 한민족이라는 동질감 회복과 통일된 조국의 주인으로 당당히 살아갈 수 있는 자부심을 느끼게 해 주고자 마련한 자리. 3교시까지 진행되는 수업에서는 북

한만화를 보면서 퀴즈를 풀고 북한의 문화유산, 학교생활, 먹을거리, 동요 등을 배우고 통일을 주제로 한 그림 그리기와 글쓰기 시간도 갖는다.

이처럼 북한만화가 국내에 소개된 사례들을 종합해 보자면 언론보도로부터 시작하여 기획전시, 교육용 자료로 활용되기까지 시간이 흐름에 따라 점차 다양해지고 있음을 알 수 있다. 이는 북한에 대한 국민들의 이해가 점점 보편화되고 있음을 반증하는 것으로, 북한을 이해하는 중요한 자료로서 만화가 활용되고 있음을 보여준다.

국내에 출간된 최초의 북한만화, 〈역도산이 왔다〉

2003년 12월에 나온 <역도산이 왔다>(아이디오 발행)는 세계적인 프로레슬러 역도산(본명 김신락)의 일생을 다루고 있다. 이 책의 전반부에는 원제 <세계프로레스링의 왕자 력도산>이라는 북한만화가 실려 있다. 전체 160쪽으로 국내에서는 단행본 한 권 분량이지만 북한에서는 상·하권으로 나온 작품이다. <역도산이 왔다> 책 서두에서는 북한말을 국내에서 사용되는 말로 바꾸었고, 북한에 대해 선전·찬양하는 내용이 심한 부분을 임의로 삭제하였음을 밝히고 있다. 작품 전체적으로 일관된 흐름은 역도산이 세계의 강호들을 차례로 물리치는 과정이다. 원작 <세계프로레스링 왕자 역도산>은 북한만화가 김태권이 작화를 담당하여 1995년에 중앙과학기술통보사를 통해 출판한 비교적 최근 작품이다. 이 작품은 몇 가지 점에서 중요한 텍스트가 된다.

　첫째, 소설을 원작으로 했다는 점이다. 이 작품은 재일교포 출신 이호인의 『나는 조선 사람이다』와 『역도산, 세계프로레슬링의 거성』이라는 소설을 바탕으로 하여 만들어졌다. 이는 곧 북한에서도 창작품만이 아니라 타 장르를 원작으로 한 각색 작품도 만들어지고 있다는 사실을 보여준다. 이는 창작뿐만 아니라 각색도 주요한 창작방식이 되고 있음을 보여주는 사례다.

　둘째, 김일성, 김정일 등의 우상화 작업과는 달리 이 작품은 '역도산'을 민족적 영웅으로 칭하고 있다. 즉, 김일성이나 김정일에 관한 이야기 혹은 북한체제의 영속성, 미국 및 남한에 대한 비방 등의 목적이 아닌, 스포츠에서 뛰어난 업적을 남긴 특정 개인의 일생을 소재로 삼아 작품화함으로써 여타 다른 작품들과는 주제와 소재 면에서 큰 차이를 보인다. 국내에 소개된 <역도산이 왔다>의 작품 도입부에서 "북한에 대해 선전, 찬양하는 내용 중에 너무 심한 부분 일부는 편집부에서 임의로 삭제했음을 밝혀둔다"고 한 것으로 보아 작품이 진행되면서 북한의 체제에 대한 선전역할도 했을 것으로 보인다. 그럼에도 불구하고 소재가 '스포츠인'이라는 사실, 대주제가 정치적 이념이나 사상에 관한 것이 아닌 '개인의 역사'라는 사실은 어쨌든 주목할 만하다.

셋째, 출판사가 다른 만화들과는 다르게 '중앙과학기술통보사'라는 점을 들 수 있다. 원래 중앙과학기술통보사는 과학기술관계 서적을 전문적으로 출판하는 곳이다. 북한의 출판사가 독자와 편집인의 필요에 의해 존립하는 것이 아니라 당의 요구와 계획에 의해 만들어지고 존속된다는 사실을 염두에 둔다면, 중앙과학기술통보사에서 만화를 출판했다는 사실은 의외의 일임을 알 수 있다.

넷째, 독자층이 다른 작품들과 달리 유년층에서부터 성인층까지 아우르고 있다는 점이다. 이념적인 측면을 강조하는 북한만화의 경우 각 연령층에 따른 주제가 명확하고, 그에 따라 소년, 혹은 성인 등 나이에 따른 독자층이 구분되어 있는 것이 특징이다. 그러나 이 작품은 스포츠, 민족, 승부 등 다양한 테마들이 어우러져 드물게도 북한 내 모든 연령층에서 볼 수 있는 작품이라 할 수 있다.

상하권으로 나누어 전체적인 스토리를 주요사건 중심으로 요약해 보면 다음과 같다.

- 상권
1. 일제의 징용을 피하기 위해 일본의 스모선수로 스카웃되어 감
2. 조선인이라는 차별에 울분하여 스모선수를 그만둠
3. 일본 프로레슬링 프로모터 사카다와의 만남
4. 자신의 주특기 가라데 춉 완성

5. 안드레 아세린과의 시합에서의 승리를 통해 세계 프로레슬링계에 이름을 알리게 됨.
   6. 하와이에서 세계챔피언 루테즈와의 시합
   7. 일본 국내에서 활동 중에 조선인이라는 신분 때문에 벌어지는 차별
   8. 일본에서 벌어진 루테즈와의 세계헤비급 쟁탈전
   9. 미국에서 열린 루테즈와의 세계헤비급 쟁탈전에서의 승리

- 하권
   1. 제2회 월드리그노메리니와의 결승전에서 승리
   2. 거구 안토니오와의 시합에서 승리
   3. 북한에 생존해 있는 딸의 소식
   4. 미국 LA에서의 세계선수권 쟁탈전, 챔피언 브랏시와의 시합에서 승리
   5. LA에서 브랏시와의 재대결에서 승부조작
   6. 디스트로이어와의 승부
   7. 야쿠자 조직원의 테러
   8. 수술과 죽음

왜 '역도산'일까

　스토리에서 알 수 있듯이 이 작품은 역도산이라는 인물의 일대기가 프로레슬링이라는 승부의 세계를 통해 충분히 영웅

적으로 그려질 수 있는 요소를 지니고 있다. 식민지시대에 일본으로 쫓겨 온 이방인으로서 지니게 되는 정체성 문제와 민족적인 차별, 멀리 떨어져 있는 자식에 대한 아버지의 애틋함 등 역도산의 인간적인 면모 또한 흥미를 유발할 수 있는 소재다. 게다가 약간의 허구성을 가미한다면 야쿠자 조직과의 관계, 다른 선수들과의 우정, 필살기 연마 등 만화적 재미를 살릴 수 있는 부분들이 상당히 많이 존재하고 있음을 알 수 있다. 줄거리상에서 이같이 흥미로운 점들은 동시에 북한사회가 '역도산'을 만화로 허락할 수 있었던 요인과도 맞닿아 있는 것으로 보인다. 즉, 통제된 사회를 유지하기 위해 집단의 통일성을 깨뜨리는 개인적인 취미와 오락이 제한적일 수밖에 없는 북한에서 프로레슬링 선수의 일대기를 소재로 한 만화가 나올 수 있었던 것은 역도산의 개인사가 단순한 운동선수가 아니라 '일제 시대 때 핍박을 받은 경험을 지니고 있으며, 일본과 미국에서 차례로 일본인과 백인들을 물리치고 세계적으로 인정하는 영웅'이 되었다는 사실 때문이다. 이렇게 역사적인 사실과 민족적인 감정을 삽입시킴으로써 선전과 교육의 효과를 적절히 이루어내고 있는 것이다.

그러나 작품은 전체적으로 지루한 연출과 이야기 진행에서의 논리적인 비약 등으로 스토리가 가지는 극적인 재미를 살리지 못하고 있다. 가령, 역도산이 프로레슬링에 입문하는 데 지대한 역할을 담당하는 일본 프로레슬링 프로모터 사카다와의 만남과 그 과정은 단 4컷으로 처리되고 있다. '식당에서 만남-소개 및 인사-역도산의 프로레슬링에 대한 관심-역도산이 사카다에게 직접적으로 프로레슬링에 뛰어든다는 결심을 보여주는 것'으로 연결되는 이 단순한 구성은 어떠한 긴장감도, 극적인 재미도 혹은 만화적 상상력도 동반시키지 못한다. 그저 사실의 인과관계만 집약적으로 표현하고 있을 뿐이다.

거구 안토니오와의 시합도 작품에서는 안토니오의 소개에 2컷, 역도산과의 시합은 단 1컷으로 보여주고 있어서 극의 구성과 전개에 아쉬움을 준다. 이를테면 작품에서는 안토니오의 특징을 "그레이트 안토니오는 체중 240kg, 키 193cm의 거인으로, 50도나 되는 술을 12병이나 안주 없이 마셔도 취하지 않을 정도였다. 파워에 있어서는 세계 프로레슬링계의 1인자였다"와 같이 단순한 내레이션으로 대신한다. 역도산의 대결자로서 대단히 특징적인 캐릭터가 될 수 있음에도 불구하고 가벼운 소개에 그치고 있는 것이다. 오락과 재미가 아닌 선전과 교육이라는 북한만화의 개념적 정의에서 비쳐본다면, '안토니오'라는 캐릭터는 굳이 특징적으로 드러낼 필요가 없기 때문이다.

이 같은 아쉬움들을 정리해보면 다음과 같이 지적할 수 있다.

1. 스토리 진행에서 논리적인 비약이 심하다.

이야기의 전개가 매끄럽지 못한 것은 작품의 내적 완결성보다는 이야기가 지니는 메시지만을 보여주는 것에서 기인한다. 극적 구성보다는 시간적인 나열에 급급하다.

2. 만화적인 연출이 부족하다.

하나의 컷에서 다음 컷으로 이어지는 방식이 '연출'이라고 이야기하는 것이 무색할 정도다. 컷 안에서의 인물의 구도와 대사의 배치 혹은 대사의 내용들도 안타깝다. 덕분에 극의 전개에서 필수적이라고 할 수 있는 긴장감이 전혀 느껴지지 않는다.

북한과의 만화교류 추진

북한만화에 대한 관심을 더욱 가속화시킬 수 있는 정책이 제기된 것은 참여정부에 이르러서다. 2003년 5월, 정부는 '만화산업진흥 5개년계획'을 발표하여 2007년까지 문화콘텐츠의 원작산업으로서 만화를 집중적으로 육성하기 위한 정책을 내놓은 바 있다. 여기서 주목할 점은 계획에 제시된 세부항목 가운데 '북한과의 만화교류 및 협력 추진'이 명문화되어 있다는 사실이다. 사업개요에는 아래와 같이 세 가지 항목을 등장시키고 있다.

1. 만화산업에 대한 남북교류사업은 통일환경조성이라는 측면과 협력을 통한만화 동반발전이라고 하는 경제적 측면에서 정책방향을 설정할 수 있다.
2. 통일환경조성 차원에서 문화정책을 적극적으로 추진한 것은 1980년대 말부터이나, 특히 현 정부에서 중요

한 문화정책의 과제로 부각된다.
3. 영화 및 애니메이션산업의 경우 북한에 일정한 기반이 구축되어 있기 때문에 남북 간 공동제작 및 하청 등이 활성화될 수 있으나 만화관련 기반은 취약한 것으로 알려져 있다.

이에 따라 사업목적은 크게 세 가지로 나뉜다.

1. 남북 간 만화교류를 통한 상호 이해증진
2. 한 민족으로서의 문화적 동질성과 정체성의 회복
3. 남북만화산업이 동반 발전할 수 있는 토대 형성

이러한 목적들은 다른 문화예술분야에서와 마찬가지로 만화를 통해서도 남북한 관계를 발전시키고 한민족으로서의 정서를 만화를 통해 재확인한다는 내용을 담고 있다. 반면 세 번째 목적인 만화산업의 동반발전은 앞서 살펴본 북한만화의 현실을 보았을 때 당장에 이루어질 수 있는 목표로 할 수 있기보다는 서로의 여건이 합의된 상태, 이를테면 유통이나 출판의 형식, 혹은 창작목적 등이 일치된 상태에서야 앞으로 나아갈 수 있을 것으로 보인다.

이러한 사업목적 아래 주요 추진과제로 크게 세 가지를, 다시 여덟 가지 세부과제를 제시하고 있다.

1. 남북만화 교류사업 개발 추진
    - 남북한 만화실태와 전망에 관한 공동학술세미나 개최
    - 만화제작 및 현장을 중심으로 한 프로그램 개발
    - 남북 공동의 만화페스티벌 기획과 추진
2. 가칭 '남북만화 협력위원회' 구성 추진
    - 민간주도의 협력위원회 구성 운영
3. 남북공동제작 지원사업 개발
    - 지원사업의 범위에 남북공동제작 지원사업 포함
    - 해외전시회 및 투자로드쇼 참가 지원사업에 북한의 만화도 포함
    - 장기적으로 북한문화콘텐츠와 만화부스를 공동 설치하는 방안검토

위에 제시된 구상들은 남북한이 만화분야에 대해 서로를 이해하고 거시적으로 함께 발전할 수 있는 길을 지향하고 있다.

하지만 현실적으로 불가능한 부분이 많아 보인다. 발표된 계획에서도 지적하고 있듯 남북교류 및 협력사업은 정치적, 경제적, 군사적 영향에 민감하게 영향을 받기 때문에 독립된 지원프로그램을 개발하는 데 무엇보다도 한계가 있다. 또한 만화분야의 독창성은 영화나 애니메이션, 혹은 방송 분야처럼 전문적인 기술진이나 공동의 데이터 혹은 상호간에 함께 할 수 있는 일정한 기반이 마련된 분야가 아니라는 사실이다. 이는 만화창작의 과정은 전 세계적으로 개인 단위에서 이루어지

고 있는 것이 일반적이다. 따라서 함께 할 수 있는 부분이 지극히 한정된다. 게다가 앞서 살펴본 것처럼 만화에 대한 이해의 범위, 가령 연출이나 기교 등이 많은 차이를 보이고 있다. 따라서 창작과 출판, 유통과 판매 등 생산에서 소비에 이르는 전 과정을 통한 서로의 이해와 협력이 무엇보다 요구된다. 예를 들어, 공동기획을 통해 남한의 만화에서 보여주지 못하는 독특한 연출이나 작화로 이루어진 북한만화를 남한의 출판라인을 통해 발행, 세계시장으로 내놓는 방식은 어떨까? 물론 현실적으로 여러 가지 어려움은 많겠지만 각자가 자신할 수 있는 영역에서 하나 될 수 있는 방법을 찾는 것은 남북한이 만화를 통해 협력할 수 있는 중요한 시금석이 될 것이다.

긍정적인 것은 이 같은 남북한의 만화교류협력 추진 의견이 문화관광부 산하에서 제기되었다는 사실이다. 정치적인 견해와 이념적인 잣대로서 북한만화를 인식하고 받아들이는 것이 아닌 문화적, 민족적인 측면에서 만화를 통해 남북이 함께 할 수 있는 영역이 있음을 시사하고 있는 것이다. 경제적, 산업적으로 만화가 지니는 부가가치 생산성과 별개로 민족의 대화합을 위한 문화적 장르로서 만화를 필요로 하게 된다는 점에서 이러한 사실은 매우 뜻 깊은 일이라 할 수 있다.

프로파간다와 북한만화

프로파간다의 개념

 북한만화의 가장 큰 특징은 바로 선전과 교육적인 측면, 즉 프로파간다적인 성격에 있다. 이는 앞서 살펴본 대다수의 북한만화가 지닌 특징이며, 북한만화의 정의에서도 나타났던 특징이기도 하다. 그렇다면 '프로파간다'란 무엇인가?

 프로파간다(propaganda)는 원래 16세기 로마에서 신앙의 보급을 위해 설립한 교단으로부터 유래한 용어로, 처음에는 종교적 차원에서 이루어지는 포교활동에 한정된 의미였다. 그러던 것이 20세기 초 세계대전을 치르는 동안 '사람들을 전쟁에 참여하게끔 선동하는 활동'의 의미로 변모했으며 오늘날에 이르러서는 종교를 비롯해 정치, 사상, 경제, 도덕 등 사람들이 경험하는 전 분야를 통해 '어떤 사물의 존재나 효능 또는 주장 등을 남에게 설명하여 동의를 구하는 일 또는 그 활동'이라는 뜻으로 폭넓게 사용되고 있다.

정치적인 이념을 대중에게 전달하여 선동을 불러일으키기 위해 효과적으로 프로파간다가 사용된 예는 근대 사회주의국가의 형성에서 드러난다. 집단적인 캠페인을 벌이는 형태로 이념과 사상의 전파가 이루어질 때 사용되는 가장 대표적인 프로파간다의 예로는 집회에서 사용되는 구호나 매스게임 혹은 벽화, 플랜카드 등의 형태를 들 수 있는데, 만화 역시 중요한 표현수단이 된다. 특히 말과 글이 동시에 표현되어 친근한 수사법을 구사하는 만화는 다른 수단에 비해 그만큼 친화력이 높다고 할 수 있으며, 실제로 중국의 공산화 과정에서도 만화는 중요한 프로파간다였다고 알려져 있다.

한편 상업적인 용도로 만화가 선전도구로 사용된 것은 '옐로우 페이퍼(yellow paper)'라는 용어와 밀접한 관계로 나타난다. 현대적인 의미로서 신문연재만화의 효시라는 역사적 의미를 지니는 <옐로우 키드>는 1896년 「선데이 월드」에 연재되기 시작했던 작품이다. 얼마 뒤 라이벌 신문인 「선데이 저널」에서 <옐로우 키드>의 작가 리처드 펠튼 아웃코트를 스카우트해 간다. 그 후 다시 양쪽 회사가 한 번씩 같은 작가에 대해 스카우트 경쟁을 벌인 뒤,「선데이 월드」쪽에서 다른 작가를 구해 같은 주인공의 작품을 연재하기에 이른다. 게다가 동일한 만화 주인공을 건물벽에 그려서 자신의 회사를 선전하기도 했다. 이처럼 신문사의 과다경쟁을 통해 만화주인공과 관련하여 '옐로우 페이퍼'라는 용어가 탄생하였다. 이는 곧 만화가 지니는 선전효과, 만화의 기능성을 가장 잘 보여주는 사례일 것이다.

만화가 프로파간다로 이용된 사례

사실 만화가 강력한 프로파간다의 역할을 수행한 가장 대표적인 사례는 제2차세계대전 당시 미국의 코믹스에 나타난다. 1941년 12월 일본의 진주만 공격이 있을 때까지 미국은 전쟁의 소용돌이에 휘말려 있었던 유럽과는 달리 평화로운 곳이었고, 당연히 그 때까지 어떠한 매체를 통해서도 프로파간다의 내용은 보이지 않았다. 그러나 일본의 선전포고는 미국 국민들에게 군대의 필요성을 일깨웠으며, 전쟁에서의 승리를 요구하게 된다. 이에 국가적인 차원에서 전쟁을 위한 준비가 이루어지게 되고 광고, 영화 등 다양한 루트를 통해 전쟁에 관한 노력을 메시지로 담는다.

이때 만화 역시 주요한 선전수단이 되었다. 모병포스터가 영화홍보포스터를 차용했듯이, 만화주인공들은 전쟁의 승리를 위한 공식적인 메신저가 된다. 미국만화의 주요한 영웅인 슈퍼맨과 캡틴아메리카는 자신들의 적국인 일본과 독일을 향해 정의의 주먹을 휘두른다. 정의의 사자인 슈퍼맨의 망토와 캡

틴아메리카의 발 아래 악의 축인 도조 히데키와 히틀러는 멸망해야 하는 존재들이었다. 이처럼 분명한 선악의 구별을 통해 국가적인 이데올로기를 구현하고, 명확한 승리를 확신하는 주인공을 만화만큼 재빠르고 적확하게 실현시키는 매체가 또 있을까. 승리의 담화는 이처럼 만화의 주요한 테마였던 것이다.

이와 같은 슈퍼영웅들의 활약상에 대해 만화역사가 레스 다니엘(Les Daniels)는 『DC 코믹스: 세계 만화 영웅 60년사 *DC Comics: Sixty years of the World's Favorite Comic Book Heroes*』(1999)에서 "일반적인 삶을 포기하고 유니폼을 입고 적을 물리치는 초영웅에 대한 생각은 전쟁기간 동안 특별한 반향을 일으켰다"면서 "특별한 복장을 입은 주인공들은 시대의 상징 가운데 하나가 되었다. 어떤 의미에서 그들은 미국 그 자체였다"고 밝힌 바 있다. 즉, 이들 코믹스의 주인공들은 1940년대 미국의 정치적인 담화로서 존재하는 프로파간다였던 것이다. 한편 당시의 만화주인공들에 대해 크리스 머레이(Chris Murray)는 『프로파간다: 슈퍼영웅물과 제2차세계대전에서의 프로파간다 *Propaganda: Superhero Comics and Propaganda in World War Two*』에서 다음과 같이 설명하고 있다.

> 슈퍼영웅물의 정치성에 대한 이해를 위해 어떻게 이들이 당시의 시대에서 주요 이데올로기적 문제와 연결되는지를 관찰할 필요가 있다. 미국이 전쟁을 선언하기 전에조차 슈퍼영웅들은 루즈벨트 대통령의 중재정책을 옹호했다.

이러한 사실은 애이리얼 돌프먼과 아먼드 메틀아트가 『도널드 덕 읽는 법: 디즈니 만화의 제국주의적 이데올로기 *How to Read Donald Duck: Imperialist Ideology in the Disney Comic*』에서도 밝힌 바 있다.[1] 이들은 남아메리카에 배급된 디즈니 만화가 자본주의적 이데올로기를 전파했다고 주장하며, 이는 곧 만화가 이데올로기를 전파하는 프로파간다의 역할을 충실히 수행한다는 사실을 직접적으로 보여준 것이라 역설했다.

북한만화의 프로파간다적인 성격

북한도 이미 오래 전부터 만화가 지니는 원천적인 선전효과를 인식하였던 것으로 보인다. 이구열은 『북한 미술 50년-작품으로 만나는 주체미술』(돌베개, 2001)에서 북한미술의 시원을 밝히면서 북한만화의 원류라고 할 수 있는 1920~1930년대 항일작품들을 설명한 바 있다. 여기에서 일제의 대륙침략을 폭로(<범아구리>(1927))하거나 일본 장교의 몰골을 형상화(<철천지 원수>(1938))한 것 등 주로 선동성을 포함한 작품들이 소개된다. 이 외에도 <흡혈귀>(1930) <짓밟힌 조국 땅>(1933) 등이 이야기되고 있다. 이구열은 이들 작품에 대하여 "전문적인 창작가의 예술적 기량에 의해서가 아니라 대중적인 지혜와 힘에 의하여 창작·완성"되었다고 밝히는 『조선

---

[1] 『비주얼컬쳐: 이미지 시대의 이해, 비너스에서 VR(Virtual Reality)까지』(218쪽)에서 재인용.

미술사 2』(1945~1982)의 총론을 인용하여 작품 내적인 완성도보다는 작품이 지니는 효과성을 강조한다.

게다가 북한은 미술작품의 주도적인 위치에 선전화와 판화처럼 선전성을 지니는 장르들을 위치시킴으로써 만화장르가 지니는 프로파간다로서의 특성을 더욱 강화시키기도 한다. 북한미술에서 중요한 위치를 차지하는 선전화는 '일종의 포스터로서 대중들의 정치선동을 위한 목적으로 창작된 그림'을 일컫는다. 전영선은 "북한미술 자체가 전반적으로 선전적인 특성이 강하지만 특히 선전화는 다른 미술 장르의 작품보다 당의 정책을 더욱 강력하게 드러내고 있다"면서 "기동적이고 호소적이며 전투적인 선전화를 더 많이 창작하여 인민 대중에게 끊임없이 약동하는 현실과 시대의 숨결을 느끼게 하며 보람있고 숭고한 생활과 투쟁에로 선도하는 호소자, 선구자로서 역할을 수행할 것을 요구"한다고 설명한다. 요컨대 이 같은 선전화의 특성은 인접분야인 만화에도 직접적 혹은 간접적인 영향을 줄 것으로 예상된다.

예술 장르가 서로 영향을 주고받는다는 특성을 인정한다면 북한만화가 지니는 선전, 선동의 기능성은 여타 예술 장르와 함께 유지 혹은 더욱 강화되어 가는 것이다. 아닌 게 아니라 개별 단행본 작품들을 살펴보면 한 컷의 연출의도가 작품 전체적인 내적 완결성을 추구하기보다는 그 컷 자체로서 호소적, 선언적인 의미가 짙은 경우를 쉽게 보게 된다. 따라서 남한의 코믹에서는 한컷 한컷이 섬세하고 정교해지면서 컷 자체로 일러스트적인 효과를 내는 반면, 북한만화는 한컷 한컷이 선전의 느낌을 지니게 된다.

프로파간다로서의 북한만화의 특징

1960년대로부터 2000년대까지 변하지 않는 북한만화의 형식과 내용을 마주하면 반세기 가까이 선전의 도구, 홍보와 교육적인 목적으로의 변함없는 가치를 들여다보게 된다. 프로파간다로서 북한만화가 여타 국가에서 창작되는 만화와 상이한 점은 다른 어떤 나라에서 나오는 작품보다도 메시지가 강하다는 사실이다. 이를테면 동일한 풍자수법을 사용할지라도 북한만화는 은유적인 표현이 아닌 직유적인 표현을 채택하는 등 직시적인 비유를 선호한다. 여기에는 북한사회가 인정하는 명확한 기준(이를테면 미국에 대한 적대감)이 바탕이 된다. 이처럼 명확한 측면 아래 북한만화가 유지하는 특징들을 몇 가지 찾아낼 수가 있다.

1. 엔터테인먼트의 부재

영화와 광고, 혹은 포스터 등 매체를 막론하고 프로파간다가 추구하는 공통적인 성격은 '설득'에 있다. 그 설득력은 자본주의 국가에서라면 '재미'로 대체된다. 이를테면 남한의 상업적인 만화들이 지극한 재미와 오락을 추구하는 반면, 북한만화에서는 개인의 쾌락 대신 집단적인 목표와 가치를 보여줌으로써 그 자리를 선동성으로 대체하고 있다. 이는 명확한 프로파간다의 역할이다. 그래서 만화를 다른 장르와 가장 구별 짓게 만드는 풍자와 해학 등 은유적인 표현방식들이 북한만화에서는 '직유법'으로 대체되는 것이다.

2. 캐릭터의 부재

인물이 등장하지 않는 만화가 어디 있을까. 하지만 분명 캐릭터가 존재하지 않는 이야기는 있다. 이는 비단 북한만화뿐 아니라 남한만화에서도 보여주는 특성이기도 하다. 작품의 이야기를 끌고 가는 개성이 보이지 않는 캐릭터. 그것은 곧 인물이 있어도 캐릭터가 없는 것이다. 이 같은 캐릭터의 부재는 북한만화에서 드러나는 일반적인 룰이다.

그것은 바로 명확한 주제로 인해 개성 있는 인물이 필요치 않기 때문이다. 도덕적인 문제로 괴로워하는 인물, 자신의 내면세계와 지속적으로 투쟁하는 인물 등 다면적이고 개성적인 인물은 북한만화에서 허락되지 않는다. 그래서 A라는 작품의 주인공이 그 모습 그대로 B라는 작품에 실려도 전혀 어색할 것이 없다. 선전과 선동을 일으키기 위한 인물들은 결코 도덕적인 결함으로 괴로워해서도 안 되고, 이념 앞에서 개인적인 갈등으로 번민해서도 안 된다.

3. 단편적인 대화법

인물이 전하는 대사가 그 인물의 성격을 규정짓는 것이라면 몰개성의 인물들이 보여주는 대화 속에는 어떤 감흥도 존재하지 않는다.

4. 감정의 부재

북한만화는 감정의 상상력을 허가하지 않는다. 사건과 사건을 잇는 이야기의 개연성 속에는 원인과 결과만 있는 것이 아니라 인과율을 조정하는 인간의 감정이 담겨져 있어야 할 것이다. 그러나 북한만화는 인간의 내적 감성은 배제한 채 사건의 원인과 결과만 따지고 있다. 그런 측면에서 북한만화에서는 마치 그림으로 표현된 논설문과 같은 분위기마저 느껴진다.

5. 연출의 부재

연출에 관한 문제는 만화의 가능성, 즉 장르로서 만화가 지니는 효과를 지속적으로 탐험하며 작가가 얼마만큼 자신의 능력을 보여줄 수 있느냐 하는 부분이다. 때로 컷의 배치가 뒤틀려지기도 하며, 때로 생각지도 못한 표현들을 구현하기도 한다.

그러나 프로파간다가 지녀야 할 가장 중요한 덕목은 명확함이다. 복잡함이나 소란스러움이 있어서 머릿속으로 한참이나 생각해야 할 요소들이 삽입된다면 프로파간다로서 실격이다. 그래서 북한만화는 컷의 배열이 지극히 단선적이다. 전후좌우 배치에 대한 고민이 심각할 필요가 없다. 복잡한 컷 나누기는 존재하지 않으며, 컷과 컷을 기술적으로 잇는 고민보다는 기계적인 배치를 통해 선전의 효율성을 높인다. 그래서 몇십 쪽으로 연결되는 작품 속 어느 컷을 떼어놓아도 그 한 컷 자체로서 포스터의 냄새가 짙을 만큼 한컷 한컷 자체가 명확하다.

'북한만화'가 아닌 '만화'가 되기 위해

유럽만화와 마주치는 많은 한국독자들은 우선 숨부터 고르게 된다. 유럽의 만화가 담보하는 예술적인 측면에 적응하는 것은 쉬운 일이 아니다. 일본만화가 보여준 고도의 상업적인 테크닉, 연출기교에 익숙해진 독자들의 눈은 말초적인 재미에 길들여져 있고 그로 인해 만화가 지닌 또 다른 가능성에 대한 실험에 익숙하지 못하기 때문이다. 모습은 다르지만 북한만화 역시 실험에 익숙하지 않다. 아니, 익숙함의 문제가 아니라 선전, 선동, 교화 등의 명확한 목적성 아래 만화가 지니고 있는 장르적인 가치나 표현의 방식을 실험하는 것 자체가 용납되지 않는다고 하는 것이 옳을지 모른다. 이처럼 만화라는 동일한 이름 아래 남북한의 모습은 양극을 달리고 있다.

1980년대 후반, 남한에서는 성인층을 대상으로 한 다양한 만화잡지가 발행되었으며, 그 잡지들 가운에 격주로 발행된 『주간만화』 지면에는 짤막한 만화평론이 매호 실렸다. 1988년 1월 15일자에 실린 이원복 교수의 '만화외교론'에는 다음과 같은 내용이 담겨있다.

> 닉슨은 대 중공 외교의 전초로 핑퐁을 이용하였다. 사심 없고 깨끗한 스포츠교류를 통하여 부담 없고 자연스러운 외교의 첫 매듭을 풀었던 것이다. 우리에게도 바로 이런 웃는 얼굴의 첫인사가 필요하다. 여기에 만화보다 더 좋은 방법은 없다.
> 만화는 재미있고 즐거울 뿐만 아니라 한 사회의 모습을 거울처럼 반영하고 있기 때문에 상대방에게 우리의 모습을 솔직하고 자연스러우면서도 따뜻하고 부담 없이 전달할 수 있는 가장 좋은 매체다.

냉전의 여운이 마지막으로 감돌던 당시에 나왔던 이 글은 중국의 성장을 미리 내다보고 다가올 중국과의 외교를 위해 중국작가를 초청하여 만화에 관한 토론과 전시회를 개최할 것을 제안하고 있다. 그리고 그것은 얼마 뒤 한국작품의 중국진출, 다양한 세미나 개최 및 국제만화축제 등의 지속적인 교류로써 현실에서 이루어지게 되었다.

이원복 교수가 제안했던 공산국가와의 첫인사에 만화를 이용한 솔직한 외교방식이 북한과의 교류에서도 나타난다면 얼마나 좋을까. 남북이 힘을 합해 일본냄새가 짙은 망가(Manga)작품이 아닌, 정치적인 논리로만 무장된 선전도구도 아닌, 우리 고유의 만화(Manhwa)작품으로 세계시장을 누빌 수 있다면 그것이야말로 민족공영의 길이 아닐까.

참고문헌

__ 단행본

김남훈, 『역도산이 왔다』, 아이디오, 2003.

김영주·이범수, 『북한언론의 이론과 실천』, 나남, 1991.

사라 채플린·존 A. 워커, 임산 역, 『비주얼컬쳐: 이미지 시대의 이해, 비너스에서 VR(Virtual Reality)까지』, 루비박스, 2004.

서정우, '공산주의 언론의 본질과 기능', 『북한의 언론』, 을유문화사, 1989.

스콧 매클루드, 고재경·이무열 역, 『만화의 이해』, 아름드리, 1995.

양재성, 『북한이해』, 통일부 통일교육원, 2004.

오영진, 『빚장열기』, 길찾기, 2004.

이광재, '북한의 출판', 『북한의 언론』, 을유문화사, 1989.

이구열, 『북한 미술 50년』, 돌베개, 2001.

임순희, 『북한의 대중문화 실태와 변화전망』, 통일연구원, 2001.

전영선, 『북한의 문학예술 운영체계와 문예 이론』, 역락, 2002.

_____, 『북한의 문학과 예술』, 역락, 2004.

Christopher Murray, 'Popaganda: Superhero Comics and Propaganda in World War Two', *Comics & Culture: Analytical and Theoretical Approaches to Comics*, (Museum Tusculanum, 2000).

__ 논문

이경호, 「북한어린이 만화에서 나타난 덕목 분석」, 청주교육대학원, 2004.

__ 신문·잡지 기사

강희경, '북한 친구 생활 체험', 「부산일보」 2005. 5.19.

김철진, '북한만화 일반공개 "반갑습네다"', 「스포츠 투데이」 2001. 6.4.
_____, '북한만화 미국상륙', 『주간만화』 1989. 9.15.
_____, '북한집중탐구', 「조선일보」, 1989. 8.15.
장기영, '클릭하면 '북한 만화 한눈에'', 「강원일보」, 2000. 9.28.
_____, '집체 창작 북한만화', 『주간만화』, 1987. 6.19.

기타

『두산세계대백과 사전』, 두산동아, 1996.
『동아 새국어사전』, 이기문 감수, 두산동아, 2002.
『만화산업 중장기 발전전략 연구』, 한국문화콘텐츠진흥원, 2003.
『북한의 문화콘텐츠산업 실태와 교류협력 방안』, 한국문화콘텐츠진흥원, 2003.
북한문학예술 http://www.nk-culture.re.kr/front/index.htm.

북한만화의 이해

초판인쇄 2005년 11월 15일 | 초판발행 2005년 11월 25일
지은이 김성훈·박소현
펴낸이 심만수 | 펴낸곳 (주)살림출판사
주소 413-756 경기도 파주시 교하읍 문발리 파주출판도시 522-2
출판등록 1989년 11월 1일 제9-210호
전화번호 영업·(031)955-1350   기획·(031)955-1370~2
         편집·(031)955-1362~3
팩스 (031)955-1355
e-mail salleem@chol.com
홈페이지 http://www.sallimbooks.com

ⓒ (주)살림출판사, 2005   ISBN 89-522-0450-6 04080
                          ISBN 89-522-0096-9 04080 (세트)

* 잘못된 책은 구입하신 서점에서 바꾸어 드립니다.
* 저자와의 협의에 의해 인지를 생략합니다.

값 9,800원